Quatre saisons

dans ma cuisine

Clorophyl éditions

Printemps

Eté

Automne

Hiver

Printemps

Fagotins de jambon aux carottes

Préparation : ***15 min*** - Cuisson : ***10 min***
Difficulté : ***facile*** - Budget : ***pas cher***

Pour 4 personnes

- 12 carottes nouvelles avec les fanes
- 12 fines tranches de jambon de Parme
- 100 g de roquette
- Le jus et le zeste râpé d'un citron
- 6 cuill. à soupe d'huile d'olive
- 2 cuill. à café de sucre en poudre
- Sel, poivre

Vin :
Irouléguy rosé à 9 °C

✓ Coupez les fanes des carottes à 3-4 cm de la base. Épluchez les carottes, rafraîchissez-les sous l'eau froide, puis essuyez-les.

✓ Faites chauffer l'huile dans une poêle et faites-y revenir les carottes pendant 3 minutes. Salez, ajoutez le sucre et le jus de citron. Laissez cuire à couvert pendant 7 minutes, en remuant délicatement de temps en temps. Retirez les carottes de la poêle, parsemez-les de zeste de citron et laissez-les refroidir.

✓ Rincez et essorez la roquette. Enroulez chaque carotte cuisinée dans quelques feuilles de roquette, puis dans une tranche de jambon afin de réaliser des petits fagotins.

✓ Disposez les fagotins dans un plat, salez, poivrez et servez aussitôt.

Fougasse aux asperges et au brie

Préparation : ***20 min*** - Cuisson : ***20 min***
Repos : ***1 h*** - Difficulté : ***facile*** - Budget : ***pas cher***

Pour 6 personnes

Pour la pâte :
- 100 g de farine de blé dur
- 150 g de farine
- 15 g de levure de boulanger fraîche
- 1 cuill. à café de sel
- 1 cuill. à soupe d'huile d'olive

Pour la garniture :
- 200 g de brie
- 8 tomates cerises
- 1 botte d'asperges vertes
- 1 pincée de sel
- Huile d'olive

Vin :
Sancerre blanc à 11 °C

✓ Mélangez les deux farines, le sel, l'huile d'olive et la levure afin d'obtenir une pâte souple et non collante. Si besoin et selon la consistance de la pâte, ajoutez 15 cl d'eau ou un peu de farine. Couvrez et faites lever dans un endroit chaud pendant 1 heure.

✓ Huilez une grande plaque à pâtisserie et préchauffez le four th 8 (240 °C).

✓ Épluchez les asperges et faites-les blanchir dans une casserole d'eau bouillante salée pendant 5 minutes. Égouttez-les. Coupez les tomates cerises en deux et le brie en fines lamelles.

✓ Divisez la pâte en deux et étalez-la sur la plaque à pâtisserie, en lui donnant une forme ovale. Badigeonnez-la d'huile d'olive et répartissez dessus les asperges, les tomates cerises et le brie. Faites cuire les fougasses au four pendant 10 à 15 minutes et servez aussitôt.

Astuce : Si la saison des asperges est terminée, vous pouvez les remplacer par des lardons poêlés avec des oignons, ou par des olives et du thon.

Moules aux légumes safranés

Préparation : ***30 min*** - Cuisson : ***20 min***
Difficulté : ***très facile*** - Budget : ***pas cher***

Pour 6 personnes

- 3 l de moules
- 15 cl de vin blanc sec
- 3 brins d'estragon
- 2 échalotes
- 2 blancs de poireaux
- 2 carottes
- 1 branche de céleri
- 1 dose de safran en filaments
- 2 cuill. à soupe d'huile d'olive
- Sel, poivre

Vin :

Coteaux du Languedoc blanc à 11 °C

✓ Épluchez et taillez les légumes en julienne fine. Épluchez et émincez les échalotes. Nettoyez les moules. Effeuillez l'estragon.

✓ Versez le vin blanc dans une cocotte. Ajoutez la moitié de l'échalote et portez à ébullition. Ajoutez les moules dans la cocotte et couvrez. Faites cuire 10 minutes. Retirez les moules de la cocotte avec une écumoire. Filtrez le jus de cuisson.

✓ Faites chauffer l'huile dans une sauteuse. Faites revenir le reste de l'échalote, la moitié des feuilles d'estragon et le safran. Quand l'échalote est translucide, ajoutez la julienne de légumes et le jus de cuisson des moules. Mélangez, salez et poivrez. Laissez cuire doucement 8 minutes. En fin de cuisson, ajoutez les moules et mélangez.

✓ Répartissez les moules aux légumes safranés dans six assiettes, arrosez du jus de cuisson, décorez des feuilles d'estragon restantes et servez.

Astuce : Ébarbez les moules au dernier moment afin qu'elles ne perdent pas leur eau. Ne les laissez pas tremper dans l'eau et éliminez les moules déjà ouvertes.

Mousses de légumes printaniers

Préparation : ***30 min*** - Cuisson : ***40 min***
Réfrigération : ***1 h*** - Difficulté : ***facile*** - Budget : ***pas cher***

Pour 6 personnes

- 5 blancs d'œufs
- 3 carottes
- 3 tiges de ciboulette
- 1 branche de céleri
- 1 pomme de terre
- ¼ de boule de céleri
- 100 g de petits pois écossés
- 25 cl de crème liquide
- 2 pincées de noix de muscade
- 1 pincée de piment de Cayenne
- Sel, poivre

Vin :

Anjou blanc sec à 9 °C

✓ Épluchez les carottes, le céleri boule, la pomme de terre et le céleri branche. Coupez tous ces légumes en petits morceaux. Faites cuire tous les légumes séparément dans de l'eau bouillante salée, puis égouttez-les. Mélangez le céleri boule avec la pomme de terre et les petits pois avec le céleri branche.

✓ Réduisez tous les légumes en purée. Salez et poivrez. Ajoutez le piment de Cayenne à la purée de carottes, la noix de muscade à la purée de céleri et la ciboulette ciselée à la purée de petits pois.

✓ Montez la crème liquide en chantilly et battez les blancs en neige. Mélangez les deux très délicatement.

✓ Mélangez délicatement chaque purée avec un tiers du mélange crème chantilly-blancs en neige. Couvrez les trois mousses de film alimentaire et placez-les au réfrigérateur pendant 1 heure minimum.

✓ Au moment de servir, répartissez les trois mousses dans des verres. Servez très frais.

Quiche aux courgettes et aux olives

Préparation : ***45 min*** - Cuisson : ***50 min***
Repos : ***30 min*** - Difficulté : ***facile*** - Budget : ***pas cher***

Pour 4 personnes

Pour la pâte :
- 250 g de farine
- 125 g de beurre frais
- 1 œuf
- 1 pincée de sel

Pour la garniture :
- 400 g de petites courgettes
- 100 g de crème fraîche
- 100 g de gruyère râpé
- 50 g d'olives noires dénoyautées
- 4 brins de romarin frais
- 3 œufs
- 2 gousses d'ail
- 1 oignon
- 1 cuill. à soupe de concentré de tomate
- 1 noisette de beurre pour le moule
- Sel, poivre

Vin :
Saumur-Champigny à 16 °C

✓ Versez la farine en fontaine sur le plan de travail et mélangez avec le sel. Creusez un puits au centre. Coupez le beurre en petits morceaux et répartissez-les autour de la farine. Cassez l'œuf dans le puits. Ajoutez 5 cl d'eau tiède et hachez le tout avec un couteau pour obtenir une pâte sableuse. Malaxez-la ensuite avec les doigts pour former une pâte lisse et homogène. Enveloppez-la dans du film plastique transparent et entreposez-la au frais 30 minutes environ.

✓ Préchauffez le four th 6 (180 °C). Pour la garniture, râpez grossièrement les courgettes, sans les éplucher. Coupez les olives en fines rondelles. Pelez l'oignon et l'ail et hachez-les finement. Ciselez les feuilles de romarin. Mélangez tous ces ingrédients.

✓ Mélangez la crème fraîche avec les œufs, le gruyère râpé et le concentré de tomate. Incorporez aux courgettes, salez et poivrez.

✓ Étalez la pâte au rouleau, puis disposez-la dans un moule à tarte préalablement beurré, en formant un bord de 3 cm de hauteur.

✓ Répartissez la garniture sur la pâte et faites dorer la quiche 50 minutes au four, puis servez.

Astuce : Vous pouvez préparer la quiche à l'avance et la réchauffer au dernier moment dans un four très chaud, en plaçant une feuille de papier d'aluminium au-dessus.

Rillettes de thon à l'estragon

Préparation : ***5 min*** **-** Cuisson : ***0***
Réfrigération : ***1 h*** **-** Difficulté : ***très facile*** - Budget : ***pas cher***

Pour 6 personnes

- 500 g de thon au naturel
- 3 petits-suisses
- 4 cuill. à soupe d'estragon haché
- 3 cuill. à soupe de crème fraîche
- 2 cuill. à café de moutarde
- Le jus d'un citron
- Sel, poivre

Vin :
Entre-deux-Mers à 9 °C

✓ Égouttez le thon et émiettez-le finement dans un saladier.

✓ Ajoutez dans l'ordre les petits-suisses, la crème fraîche, la moutarde, le jus de citron et le basilic. Mélangez bien à la fourchette. Salez et poivrez.

✓ Versez les rillettes dans un bol et placez-les au frais, couvert de film alimentaire, pendant 1 heure au minimum.

✓ Servez avec des tartines de pain de campagne légèrement grillées ou avec des tranches de baguettes.

Astuce : Vous pouvez remplacer les petits-suisses par du fromage frais de type St-Moret et le basilic par de la ciboulette.

Rouleaux de légumes

Préparation : ***20 min*** - Cuisson : ***5 min***
Difficulté : ***très facile*** - Budget : ***pas cher***

Pour 4 personnes

- 4 pains pita
- 2 carottes
- 2 oignons nouveaux
- 1 avocat
- 1 grosse tomate
- 1 bouquet de roquette
- Le jus d'un citron
- 60 g de pousses de soja
- 3 cuill. soupe d'huile d'olive
- 1 cuill. à coupe de vinaigre balsamique
- ½ cuill. à café de moutarde
- Sel, poivre

Vin :

Côtes de Provence rouge à 15 °C

✓ Nettoyez la roquette, ôtez les feuilles dures et essorez-la. Épluchez les carottes, coupez-les en deux, puis en bâtonnets dans le sens de la longueur. Coupez l'avocat en deux et retirez le noyau. Coupez-le en fines lamelles dans le sens de la longueur et arrosez-le immédiatement de la moitié du jus de citron.

✓ Coupez les oignons en deux ou en quatre dans le sens de la longueur, puis détaillez-les en lamelles. Rincez et séchez les pousses de soja. Coupez la tomate en quatre, épépinez-la et coupez-la en fines rondelles.

✓ Mélangez la moutarde, le reste de jus de citron, le vinaigre balsamique, l'huile d'olive, du sel et du poivre.

✓ Préchauffez le four th 3 (90 °C). Juxtaposez les pains dans une poêle, sans la beurrer, et faites-les dorer rapidement. Réservez-les au chaud dans le four.

✓ Mélangez les légumes et la sauce, puis répartissez la préparation sur les pains. Roulez les pains pita et servez.

Salade cocktail aux trois agrumes

Préparation : ***15 min*** - Cuisson : ***10 min***
Difficulté : ***très facile*** - Budget : ***abordable***

Pour 6 personnes

- 18 crevettes roses décortiquées
- 2 oranges
- 1 pamplemousse jaune
- 1 pamplemousse rose
- 300 g de riz
- 4 cuill. à soupe d'huile de tournesol
- 1 cuill. à soupe de vinaigre de cidre
- 1 cuill. à café de miel d'oranger
- Sel, poivre

Vin :
Crémant d'Alsace blanc à 7 °C

✓ Faites cuire le riz selon les indications du paquet, égouttez-le et laissez-le refroidir.

✓ Pelez les agrumes à vif. Détachez les quartiers et coupez-les en morceaux après avoir retiré les membranes à l'aide d'un couteau. Travaillez au-dessus d'un saladier afin de récupérer le jus des fruits.

✓ Dans un saladier, mélangez le riz, les quartiers d'agrumes et les crevettes.

✓ Prélevez deux cuillères à soupe de jus d'agrumes. Ajoutez le miel, mélangez bien, puis incorporez le vinaigre et l'huile en fouettant à la fourchette. Salez et poivrez.

✓ Versez la sauce sur la salade de riz, mélangez et réservez au frais jusqu'au moment de servir.

Astuce : Pour rehausser le goût des crevettes, faites-les faire mariner 30 minutes dans du porto ou du cognac.

Taboulé vert

Préparation : ***15 min*** - Cuisson : ***15 min***
Réfrigération : ***1 h*** - Difficulté : ***très facile*** - Budget : ***pas cher***

Pour 2 personnes

- 2 tomates
- 2 oignons nouveaux coupés en rondelles
- 1 gousse d'ail
- 150 g d'asperges vertes
- 80 g de semoule
- Le jus de 2 citrons
- 2 cuill. à soupe de feuilles de menthe ciselées
- 2 cuill. à soupe de persil finement haché
- 2 cuill. à soupe d'huile d'olive
- Sel, poivre

Vin :
Bourgogne-Aligoté à 9 °C

✓ Épluchez les asperges et coupez-les en morceaux. Faites-les cuire dans de l'eau bouillante salée pendant 3 à 4 minutes, puis égouttez-les. Épluchez les oignons et l'ail et émincez-les finement.

✓ Mélangez le jus des citrons, l'huile d'olive, le persil, les oignons et l'ail. Ajoutez la semoule et mélangez bien.

✓ Coupez les tomates en petits dés.

✓ Ajoutez les tomates, les asperges et la menthe dans le saladier. Salez et poivrez généreusement. Mélangez et placez au frais 1 heure minimum.

Astuce : Vous pouvez remplacer les asperges par un poivron vert et un demi-concombre coupés en petits dés.

Terrine de carottes au lard fumé

Préparation : ***25 min*** - Cuisson : ***1 h 05***
Difficulté : ***très facile*** - Budget : ***pas cher***

Pour 6 personnes

- 1,2 kg de carottes
- 200 g de lard fumé en tranches fines
- 60 g de beurre
- 4 œufs
- 1 pincée de muscade
- 1 noix de beurre pour la terrine
- Sel, poivre

Vin :
Anjou rouge à 12 °C

✓ Préchauffez le four th 6 (180 °C). Pelez les carottes, coupez-les en tronçons et faites-les cuire 15 minutes à la vapeur.

✓ Réservez un tiers des carottes et mettez le reste dans le bol d'un mixeur avec les œufs entiers et la muscade. Faites tourner jusqu'à obtention d'une purée fine. Versez la purée de carottes dans un saladier et ajoutez les carottes réservées. Salez, poivrez et mélangez bien.

✓ Tapissez un moule à terrine de papier sulfurisé beurré. Faites fondre le beurre dans une poêle et faites-y revenir les tranches de lard des deux côtés. Égouttez-les sur du papier absorbant.

✓ Remplissez la terrine en intercalant une couche de lard et une couche de carottes. Posez la terrine dans un plat à four à bords hauts et versez un verre d'eau dans le fond. Enfournez et faites cuire 45 minutes.

✓ Sortez la terrine du four, laissez refroidir quelques minutes, puis démoulez sur un plat de service. Servez chaud ou tiède avec une salade verte bien assaisonnée.

Astuce : Pour une recette express, pensez aux carottes surgelées, déjà coupées en rondelles.

Trio d'œufs à la coque

Préparation : ***15 min*** - Cuisson : ***5 min***
Difficulté : ***très facile*** - Budget : ***pas cher***

Pour 6 personnes

- 18 œufs frais
- 6 brins de ciboulette
- 3 tranches de pain de campagne aux raisins et aux noisettes
- 3 tranches de pain campagne nature
- 3 tranches de pain de seigle
- 1 oignon rouge
- 1 tige d'aneth
- 80 g de beurre
- 10 cl de crème liquide
- Fleur de sel,
- Poivre du moulin

Vin :

Côtes du Jura blanc à 11 °C

✓ Portez une casserole d'eau salée à ébullition. Pelez et émincez très finement l'oignon rouge. Rincez, séchez et ciselez finement la ciboulette et l'aneth. Faites griller les tranches de pain. Beurrez-les et coupez-les en mouillettes. Parsemez les mouillettes d'herbes.

✓ Fouettez la crème jusqu'à ce qu'elle prenne la consistance d'une chantilly. Salez et poivrez.

✓ Quand l'eau bout, plongez les œufs dedans et faites-les cuire 4 à 5 minutes selon vos goûts. Sortez-les de l'eau à l'aide d'une écumoire et décalottez-les.

✓ Parsemez six œufs de ciboulette. Dans six autres, ajoutez des pluches d'aneth et terminez par un peu de crème fouettée. Servez les six derniers nature. Salez et poivrez tous les œufs.

✓ Servez aussitôt avec les mouillettes et les rondelles d'oignon.

Astuce : Pour que les œufs n'éclatent pas à la cuisson, plongez-les dans un saladier d'eau tiède avant de les mettre dans l'eau bouillante et ajoutez quelques gouttes de vinaigre à l'eau de cuisson.

Velouté de courgettes au parmesan et à l'estragon

Préparation : ***15 min*** - Cuisson : ***30 min***
Difficulté : ***très facile*** - Budget : ***pas cher***

Pour 6 personnes

- 6 courgettes
- 4 tiges d'estragon
- 1 trait d'huile d'olive
- ½ l de bouillon de légumes
- 15 cl de crème liquide
- 80 g de copeaux de parmesan
- Sel, poivre du moulin

Vin :

Pouilly-Fuissé à 13 °C

✓ Enlevez les extrémités des courgettes et coupez-les en petits morceaux sans les peler. Mettez les morceaux de courgettes dans le panier d'un cuit-vapeur, salez et poivrez. Faites cuire 20 minutes à la vapeur.

✓ Faites chauffer le bouillon. Effeuillez l'estragon. Réservez quelques jolies feuilles pour la décoration, hachez le reste.

✓ Quand les courgettes sont cuites, mettez-les dans le bol d'un mixeur, puis ajoutez le bouillon et l'estragon haché. Faites tourner jusqu'à obtention d'une soupe. Transvasez-la dans une casserole et mettez sur feu doux.

✓ Incorporez la crème en mélangeant sans arrêt. Laissez cuire doucement pendant 5 minutes. Retirez du feu et répartissez le velouté dans les bols.

✓ Ajoutez quelques gouttes d'huile d'olive, répartissez les copeaux de parmesan par-dessus, décorez de feuilles d'estragon et poivrez. Servez aussitôt.

Astuce : Testez aussi ce velouté en remplaçant la crème fraîche par trois morceaux de kiri. C'est délicieux!

Boeuf aux légumes

Préparation : ***20 min*** - Cuisson : ***15 min***
Difficulté : ***facile*** - Budget : ***cher***

Pour 2 personnes

- 1 entrecôte de 300 g
- 1 poivron rouge ou jaune
- 1 carotte
- 150 g de pois gourmands
- 20 g de germes de soja
- 10 cl de bouillon de légumes
- 4 cuill. à soupe d'huile d'olive
- 1 cuill. à soupe de Nuoc-mâm
- Sel, poivre

Vin :

Beaujolais-Villages rouge à 12 °C

✓ Coupez l'entrecôte en lanières de ½ cm d'épaisseur. Salez et poivrez.

✓ Coupez le poivron en deux, épépinez-le et coupez-le en petits morceaux. Épluchez la carotte et coupez-la en bâtonnets. Équeutez les pois gourmands.

✓ Faites chauffer deux cuillères à soupe d'huile dans un wok (ou dans une grande poêle) et faites-y revenir la viande à feu vif. Retournez-la de temps en temps, puis retirez-la du wok et réservez au chaud.

✓ Rajoutez l'huile restante dans le wok et faites revenir les légumes à feu moyen, en remuant. Versez le bouillon de légumes et le Nuoc-mâm. Portez le tout à ébullition, puis rajoutez la viande et les pousses de soja.

✓ Retirez le wok du feu, laissez refroidir quelques minutes, puis servez.

Côte de veau au thym et tagliatelles de courgettes

Préparation : ***20 min*** - Cuisson : ***25 min***
Repos : ***30 min*** - Difficulté : ***très facile*** - Budget : ***abordable***

Pour 6 personnes

- 6 côtes de veau
- 6 courgettes
- 3 branches de thym
- 6 cuill. à soupe d'huile
- Sel, poivre

Vin :

Bourgogne-Aligoté à 9 °C

✓ Mettez les côtes dans un plat creux. Parsemez-les de thym et arrosez-les de trois cuillères à soupe d'huile d'olive. Salez et poivrez. Laissez mariner 30 minutes.

✓ Faites chauffer deux cuillères à soupe d'huile dans une grande poêle. Posez les côtes de veau et saisissez-les, à feu vif, des deux côtés. Quand elles sont bien colorées, baissez légèrement le feu et poursuivez la cuisson 10 minutes.

✓ Pendant ce temps, lavez les courgettes et taillez-les en tagliatelles à l'aide d'un économe. Plongez les tagliatelles de courgettes dans de l'eau bouillante salée et faites-les cuire 5 minutes.

✓ Égouttez-les, arrosez-les de l'huile d'olive restante et mélangez. Retirez les côtes de veau de la poêle, mettez-les dans des assiettes et ajoutez les tagliatelles de courgettes.

✓ Rectifiez l'assaisonnement et servez aussitôt.

Dos de cabillaud grillé aux légumes

Préparation : ***20 min*** - Cuisson : ***50 min***
Difficulté : ***très facile*** - Budget : ***cher***

Pour 6 personnes

- 1,2 kg de dos de cabillaud avec la peau
- 1 kg de carottes
- 500 g de haricots verts
- 2 branches de thym
- Huile d'olive
- Fleur de sel
- Poivre du moulin

Vin :
Anjou blanc sec à 9 °C

✓ Épluchez les carottes et les haricots verts. Découpez les carottes en bâtonnets. Mettez-les dans le panier d'un cuit-vapeur, salez et poivrez. Ajoutez de l'eau, couvrez et faites cuire 10 minutes. Ajoutez les haricots verts et poursuivez la cuisson 20 minutes.

✓ Préchauffez le four th 8 (240 °C). Recouvrez la plaque du four de papier d'aluminium. Posez les dos de cabillaud sur la plaque, côté peau vers le haut. Badigeonnez-les d'huile d'olive avec un pinceau, salez, poivrez et parsemez de thym.

✓ Enfournez et faites cuire pendant 10 minutes environ. Mettez le four en position gril et poursuivez la cuisson 6 à 7 minutes.

✓ Mettez les légumes dans un saladier, arrosez-les d'huile d'olive et rectifiez l'assaisonnement. Répartissez le poisson et les légumes dans six assiettes chaudes et servez aussitôt.

Astuce : Les filets de cabillaud choisies près de la tête sont les plus savoureux. Un morceau découpé près de la queue sera plus charnu et plus économique que près de l'arête.

Farfalle aux petits pois et au bacon

Préparation : ***10 min*** - Cuisson : ***20 min***
Difficulté : ***très facile*** - Budget : ***pas cher***

Pour 4 personnes

- 350 g de farfalle
- 150 g de petits pois
- 1 morceau de bacon de 150 g
- ½ botte de persil
- 2 cuill. à soupe d'huile d'olive
- Sel, poivre

Vin :
Côtes de Provence rouge à 15 °C

✓ Faites cuire les farfalle « al dente » dans de l'eau bouillante salée en suivant les instructions figurant sur le paquet. Ajoutez les petits pois 4 minutes avant la fin de la cuisson, puis laissez cuire le tout.

✓ Hachez grossièrement les feuilles de persil. Coupez le bacon d'abord en tranches, puis en larges lanières.

✓ Faites chauffer de l'huile d'olive dans une grande poêle et faites-y revenir le bacon.

✓ Ajoutez les pâtes et les petits pois, salez et poivrez généreusement. Parsemez de persil, puis servez.

Astuce : Pensez aux petits pois surgelés qui permettent de cuisiner cette recette en toutes saisons.

Filet de porc au citron vert

Préparation : ***30 min*** - Cuisson : ***20 min***
Repos : ***30 min*** - Difficulté : ***très facile*** - Budget : ***abordable***

Pour 4 personnes

- 500 g de filet de porc
- 100 g de pousses de soja
- 15 cl de bouillon
- 4 gousses d'ail
- 3 à 4 piments chili rouges
- 2 poivrons verts
- 2 poivrons rouges
- 2 carottes
- 8 cuill. à soupe de Nuoc-mâm
- 6 cuill. à soupe de sauce soja douce
- 4 cuill. à soupe d'huile d'olive
- 4 cuill. à c. de jus de citron vert
- 1,5 cuill. à café de fécule de pomme de terre
- 1 cuill. à café de poivre blanc fraîchement moulu
- Quelques rondelles de citron vert pour la décoration

Vin :
St-Estèphe à 16 °C

✓ Épépinez et émincez les piments chili. Épluchez l'ail et émincez-le également. Mélangez les deux ingrédients avec la sauce soja, le jus de citron vert, le Nuoc-mâm, le poivre, le bouillon et la fécule. Laissez reposer 30 minutes environ.

✓ Coupez la viande en lanières pas trop fines. Faites-les mariner dans le mélange, en les retournant de temps en temps.

✓ Rincez et égouttez les pousses de soja. Épluchez les carottes et coupez-les en bâtonnets. Coupez les poivrons en deux, videz-les, puis coupez-les en lamelles. Faites chauffer l'huile d'olive dans le wok. Faites revenir successivement les poivrons et les carottes pendant 4 minutes environ, tout en remuant, puis répartissez-les sur les côtés.

✓ Égouttez la viande et ajoutez-la petit à petit au milieu du wok. Faites-la revenir pendant 2 minutes environ, en remuant et en ramenant la viande déjà cuite vers les bords.

✓ Pour terminer, versez la marinade dans le wok, ajoutez les pousses de soja et tous les autres ingrédients et laissez chauffer quelques instants, en remuant. Servez avec du riz et des rondelles de citron vert.

Astuce : Il faut retourner souvent les morceaux de viande dans la marinade afin que tous les morceaux absorbent la marinade de manière homogène.

Gigot d'agneau en croûte d'herbes

Préparation : ***20 min*** - Cuisson : ***1 h 05***
Repos : ***1 h*** - Difficulté : ***facile*** - Budget : ***cher***

Pour 6 personnes

- 1 petit gigot (environ 1,5 kg)
- 1 gousse d'ail
- 30 g de beurre
- 1 cuill. à soupe de moutarde forte
- Sel, poivre

Pour la croûte :

- 2 gousses d'ail
- 45 g de beurre ramolli
- 4 cuill. à soupe d'herbes fraîches ciselées (marjolaine, thym, romarin, persil, coriandre)
- 1 cuill. à soupe de chapelure

Vin :

Pauillac à 16 °C

✓ Salez et poivrez le gigot.

✓ Épluchez et émincez finement l'ail. Mélangez-le avec la moutarde et badigeonnez le gigot de moutarde à l'ail. Laissez mariner pendant 1 heure.

✓ Préchauffez le four th 8 (240 °C). Faites fondre le beurre et badigeonnez-en le gigot. Grillez-le légèrement au four pendant 10 minutes, puis continuez la cuisson lentement, th 6 (180 °C), pendant 40 minutes.

✓ Préparez la croûte d'herbes : émincez finement l'ail et mélangez-le avec les herbes, la chapelure et le beurre. Enrobez le gigot de ce mélange et faites-le griller pendant 15 minutes dans le four en position gril. Servez le gigot découpé sur un plat, accompagné de flageolets ou de haricots verts.

Astuce : Pour que le beurre exprime toute sa saveur, faites-le fondre doucement, sans ébullition.

Gratin de courgettes à l'aneth

Préparation : ***20 min*** - Cuisson : ***25 min***
Difficulté : ***très facile*** - Budget : ***pas cher***

Pour 4 personnes

- 500 g de courgettes
- 150 g de crème fraîche
- 120 g de gruyère
- 3 œufs
- 4 branches d'aneth
- 1 noix de beurre pour le moule
- Sel, poivre

Vin :
Alsace-Tokay-Pinot blanc à 11 °C

✓ Lavez les courgettes, coupez leurs extrémités et coupez-les en grosses rondelles de ½ cm. Faites-les blanchir dans de l'eau bouillante pendant 1 minute, puis égouttez-les soigneusement.

✓ Mélangez les œufs, la crème fraîche, le gruyère, du sel et du poivre.

✓ Beurrez un moule à gratin, versez-y le mélange et laissez-le épaissir au four th 6 (180 °C) pendant 10 minutes.

✓ Disposez les rondelles de courgettes en couronne dans la pâte et poursuivez la cuisson pendant 15 minutes.

✓ Décorez avec de l'aneth et servez chaud.

Astuce : Pour retrouver des saveurs d'antan, frottez le plat beurré avec une gousse d'ail épluchée et parsemez votre gratin de morceaux de beurre salé avant d'enfourner la seconde fois.

Papillotes de lapin à la crème d'ail doux

Préparation : ***30 min*** - Cuisson : ***1 h 15***
Difficulté : ***très facile*** - Budget : ***pas cher***

Pour 6 personnes

- 12 petits râbles de lapin
- 6 branches de basilic
- 4 courgettes
- 4 gousses d'ail
- 1 poivron rouge
- 1 poivron jaune
- 150 g d'olives niçoises
- 25 cl de crème liquide
- 2 cuill. à soupe d'huile d'olive
- Sel, poivre

Vin :
Bandol rouge à 16 °C

✓ Lavez les courgettes et taillez-les en tagliatelles à l'aide d'un économe. Ouvrez les poivrons en deux et taillez-les en lamelles fines. Pelez les gousses d'ail et écrasez-les. Ciselez le basilic.

✓ Faites chauffer l'huile dans une poêle et faites-y légèrement colorer les râbles de lapin et les lamelles de poivrons. Salez et poivrez. Portez à ébullition une casserole d'eau et faites blanchir les tagliatelles de courgettes.

✓ Versez la crème liquide dans une casserole, ajoutez les gousses d'ail et faites chauffer sans bouillir. Retirez du feu, couvrez et laisser infuser 15 minutes. Filtrez la crème, salez et poivrez.

✓ Préchauffez le four th 7 (210 °C). Découpez six grands carrés de papier sulfurisé. Disposez au centre un tapis de tagliatelles de courgettes. Posez dessus les râbles de lapin et les poivrons. Ajoutez les olives et le basilic ciselé. Arrosez le tout de crème d'ail et fermez les papillotes. Enfournez et faites cuire 1 heure. Servez dès la sortie du four.

Astuce : Pour peler facilement les gousses d'ail, placez-les dans un bol avec un peu d'eau et faites-les chauffer 40 secondes au micro-ondes.

Papillotes de légumes

Préparation : ***25 min*** - Cuisson : ***20 min***
Difficulté : ***très facile*** - Budget : ***pas cher***

Pour 6 personnes

- 12 petits bouquets de brocolis
- 4 tomates
- 4 tiges de basilic
- 2 courgettes
- 2 bulbes de fenouils
- 150 g de fèves fraîches
- 1 cuill. à soupe de graines de coriandre
- Huile d'olive
- Sel, poivre

Vin :
Beaune rouge à 16 °C

✓ Coupez les courgettes en rondelles. Coupez les tiges et les bases des fenouils. Séparez les feuilles les unes des autres et coupez-les en lamelles.

✓ Plongez les fèves 1 minute dans de l'eau bouillante, puis égouttez et rafraîchissez-les. Retirez la fine peau les entourant. Coupez les tomates en quartiers et les brocolis en plus petits bouquets. Effeuillez et ciselez le basilic. Écrasez les graines de coriandre grossièrement.

✓ Découpez six grands carrés de papier sulfurisé. Étalez-les sur le plan de travail. Répartissez les légumes sur les carrés de papier. Parsemez-les de basilic et de graines de coriandre. Arrosez d'un filet d'huile d'olive, salez et poivrez.

✓ Refermez les papillotes avec du fil alimentaire et placez-les dans le panier d'un cuit-vapeur. Ajoutez de l'eau et faites cuire 20 minutes à la vapeur.

✓ Servez dès la fin de la cuisson.

Poêlée de St-Jacques aux lardons

Préparation : ***20 min*** - Cuisson : ***10 min***
Difficulté : ***très facile*** - Budget : ***cher***

Pour 6 personnes

- 30 noix de St-Jacques entières
- 1 bulbe de fenouil
- 1 bouquet d'aneth
- 175 g de lardons très fins
- 2 cuill. à soupe d'huile d'olive
- 1 cuill. à soupe de vinaigre balsamique
- Sel, poivre

Vin :
Corbières blanc à 13 °C

✓ Faites bien nettoyer les noix de St-Jacques par le poissonnier. Coupez la base du fenouil, retirez les feuilles externes et détaillez le reste du bulbe en fins bâtonnets. Plongez les bâtonnets de fenouil dans de l'eau bouillante salée pendant 5 minutes, puis égouttez-les.

✓ Préchauffez le four th 3 (90 °C). Faites chauffer une cuillère à soupe d'huile d'olive dans une poêle. Faites-y revenir les lardons 1 minute à feu vif, en remuant.

✓ Retirez-les de la poêle, ajoutez le reste d'huile d'olive et faites rapidement sauter les noix de St-Jacques. Salez et poivrez. Remettez les lardons, ajoutez les bâtonnets de fenouil et poursuivez la cuisson quelques secondes, en mélangeant. Mettez le tout dans un plat et réservez au chaud.

✓ Déglacez la poêle avec le vinaigre. Répartissez les noix de St-Jacques dans des assiettes, arrosez d'un peu de jus de déglaçage et décorez de pluches d'aneth.

✓ Servez aussitôt.

Astuce : Pour une recette plus bretonne, faites sauter les noix de St-Jacques dans du beurre salé.

Ragoût de légumes

Préparation : ***20 min*** - Cuisson : ***25 min***
Difficulté : ***très facile*** - Budget : ***pas cher***

Pour 6 personnes

- 12 petites pommes de terre nouvelles
- 12 petites carottes nouvelles
- 6 petits navets
- 8 brins de ciboulette
- 1 tablette de bouillon de légumes
- 300 g de haricots verts
- 300 g de petits pois frais à écosser
- 25 g de beurre
- 2 cuill. à soupe d'huile
- 1 cuill. à café rase de poivres mélangés concassés
- Sel

Vin :

Bergerac rouge à 16 °C

✓ Pelez les pommes de terre, les carottes et les navets. Retirez les fils des haricots verts, écossez les petits pois.

✓ Faites chauffer l'huile et le beurre dans une cocotte. Faites-y revenir les carottes et les navets 5 minutes, en remuant. Ajoutez les pommes de terre et les petits pois. Faites cuire 3 minutes, en remuant, puis mouillez d'eau « à fleur » et portez à ébullition.

✓ Quand l'eau de cuisson bout, ajoutez les haricots verts et la tablette de bouillon diluée dans un peu d'eau chaude. Mélangez et faites cuire jusqu'à ce que les légumes aient complètement absorbé le bouillon. Salez et poivrez.

✓ Ciselez la ciboulette. Servez le ragoût de légumes parsemé de ciboulette.

Risotto aux asperges et aux petits pois

Préparation : ***15 min*** - Cuisson : ***30 min***
Difficulté : ***facile*** - Budget : ***abordable***

Pour 4 personnes

- 500 g d'asperges vertes
- 150 g de riz à risotto
- 100 g de petits pois
- 50 g de parmesan râpé
- 40 g de parmesan
- 15 g de beurre
- ½ l de bouillon de légumes
- 1 verre de vin blanc sec
- 1 petite courgette
- 1 blanc de poireau
- 1 oignon nouveau
- 1 gousse d'ail
- 3 cuill. à soupe d'huile d'olive
- Quelques brins de ciboulette pour la décoration
- Sel, poivre

Vin :

Alsace-Riesling à 9 °C

✓ Rincez le riz à l'eau claire et égouttez-le. Ôtez le pied des asperges, épluchez les deux tiers inférieurs, puis détaillez-les en morceaux. Coupez la courgette et le poireau en rondelles. Émincez finement l'oignon et l'ail, et faites-les revenir rapidement dans deux cuillerées à soupe d'huile d'olive. Ajoutez les rondelles de courgette et de poireau, puis réservez.

✓ Faites revenir le riz dans une cuillerée à soupe d'huile chaude, ajoutez le vin blanc et laissez évaporer complètement sur feu vif.

✓ Incorporez la courgette et le poireau et mouillez progressivement avec le bouillon de légumes en laissant s'évaporer le liquide entre chaque louchée et sans cesser de mélanger. 5 minutes avant la fin de la cuisson du riz, ajoutez les petits pois et les asperges.

✓ Ajoutez le beurre coupé en petits morceaux et le parmesan râpé. Salez et poivrez. Râpez le reste du parmesan au-dessus de la poêle, avec un économe ou une râpe. Décorez de ciboulette et servez aussitôt.

Spaghettis Vongole (spaghettis aux palourdes)

Préparation : ***15 min*** - Cuisson : ***30 min***
Difficulté : ***très facile*** - Budget : ***abordable***

Pour 4 personnes

- 400 g de spaghettis
- 1 kg de palourdes nettoyées
- 20 cl de vin blanc sec
- 3 gousses d'ail
- 1 goutte de tabasco
- 3 cuill. à soupe d'huile d'olive
- 2 cuill. à soupe de persil finement haché
- Sel, poivre

Vin :
Costières de Nîmes blanc à 10 °C

✓ Faites cuire les pâtes « al dente » dans une grande quantité d'eau salée, puis égouttez-les.

✓ Dans une grande cocotte, faites revenir les gousses d'ail dans l'huile, puis ajoutez les palourdes et versez le vin. Couvrez et faites cuire, à feu vif, jusqu'à ce que les coques s'ouvrent, puis laissez mijoter 5 minutes.

✓ Retirez les palourdes de la cocotte et ôtez les coquilles. Réservez-en quelques une pour la décoration des assieettes

✓ Réincorporez les palourdes débarrassées de leurs coquilles dans la cocotte, puis laissez mijoter. Ajoutez le persil et le tabasco, puis salez et poivrez. Incorporez les spaghettis à la sauce, faites chauffer, puis répartissez dans des assiettes. Servez chaud, décoré de palourdes avec leurs coquilles.

Astuce : Pour une recette meilleure marché, les palourdes peuvent être remplacées par des coques. Nettoyez les coquillages en les brassant dans l'évier rempli d'eau froide. Renouvelez l'opération jusqu'à ce que l'eau soit claire. Jetez les coquilles ouvertes et celles qui remontent à la surface.

Tajine de poulet à la marocaine

Préparation : ***25 min*** - Cuisson : ***1 h 40***
Difficulté : ***facile*** - Budget : ***abordable***

Pour 4 personnes

- 1 poulet prêt à cuire (1,2 kg environ)
- 3 gousses d'ail
- 2 citrons confits
- 1 oignon
- ½ dose de safran
- 125 g d'olives vertes dénoyautées
- 50 g de beurre
- 2 cuill. à soupe d'huile d'olive
- 2 cuill. à soupe de feuilles de coriandre
- 2 cuill. à soupe de feuilles de persil
- 1 cuill. à café de gingembre en poudre
- Quelques feuilles de persil pour la décoration
- Sel, poivre

Vin :

Margaux à 16 °C

✓ Salez et poivrez l'intérieur et l'extérieur du poulet, puis réservez-le. Pelez l'oignon et hachez-le finement. Prélevez le zeste d'un des citrons confits et réservez-le.

✓ Faites chauffer le beurre et l'huile dans une cocotte et faites-y revenir l'oignon jusqu'à ce qu'il devienne translucide. Ajoutez l'ail, le gingembre, le safran et ½ l d'eau dans la cocotte. Mélangez bien le tout. Salez et poivrez. Ajoutez le poulet et remuez de temps en temps pour qu'il s'imprègne du jus de cuisson. Portez le tout à ébullition, puis couvrez et laissez mijoter pendant 1 heure à feu doux. Retournez le poulet de temps en temps afin de répartir uniformément la sauce et ajoutez un peu d'eau chaude si nécessaire.

Astuce : Faites découper le poulet à l'avance, vous gagnerez du temps lors de la cuisson et avant de servir.

✓ Ajoutez le zeste de citron confit, la coriandre et le persil et faites mijoter pendant 15 minutes, à couvert. Quand le poulet est cuit, retirez-le du feu et réservez-le au chaud. Si la sauce est trop liquide, faites réduire encore quelques minutes à feu vif.

✓ Découpez le poulet et disposez-le dans un tajine. Coupez le citron restant en quartiers. Ajoutez les olives et les quartiers de citron confit, puis salez et poivrez. Décorez de quelques feuilles de persil, versez la sauce, recouvrez le tajine et servez immédiatement accompagné de semoule.

Beignets

Préparation : ***30 min*** - Cuisson : ***20 min***
Repos : ***1 h 10*** - Difficulté : ***facile*** - Budget : ***pas cher***

Pour 20 beignets

- 2 œufs
- 2 jaunes d'œufs
- 500 g de farine
- 42 g de levure de boulanger fraîche
- 40 g de sucre en poudre
- 20 cl de lait
- 1 pincée de sel
- Huile de friture
- Les graines d'une demi-gousse de vanille

Pour la garniture :

- 300 g de confiture d'abricot
- 100 g de sucre en poudre

Vin :
Coteaux du Layon à 7 °C

✓ Faites chauffer 10 cl de lait. Émiettez la levure dans un saladier, ajoutez 150 g de farine et délayez avec le lait chaud afin d'obtenir une pâte lisse. Saupoudrez-la légèrement de farine, couvrez et faites lever pendant 20 minutes environ.

✓ Fouettez les œufs, les jaunes d'œufs, le sucre, le reste de lait et de farine avec un batteur, puis ajoutez la pâte et mélangez de nouveau pour obtenir une préparation homogène. Tout en pétrissant, incorporez le sel et les graines de vanille. Couvrez de nouveau et faites lever à température ambiante pendant 30 minutes.

✓ Divisez la pâte en vingt portions égales et formez des boules. Déposez-les sur un torchon fariné, aplatissez-les légèrement avec la paume de la main et couvrez-les avec un autre torchon. Laissez-les lever jusqu'à ce qu'elles aient presque doublé de volume.

✓ Faites chauffer l'huile de friture à 170 °C. Plongez-y les beignets pendant 2 minutes, retournez-les et faites-les frire de nouveau 2 minutes. Les beignets sont cuits lorsqu'un cercle blanc se forme au milieu.

✓ Déposez les beignets cuits sur du papier absorbant et garnissez-les immédiatement de confiture d'abricot avec une poche à douille longue et fine. Saupoudrez les beignets encore chauds de sucre et dégustez-les tièdes.

Astuce : Pour des beignets bien dorés, faites cuire la deuxième face sans mettre le couvercle de la friteuse.

Charlottes en habit rose

Préparation : ***35 min*** - Cuisson : ***0***
Réfrigération : ***2 h*** - Difficulté : ***facile*** - Budget : ***abordable***

Pour 6 personnes

- 36 biscuits roses de Reims
- 3 feuilles de gélatine
- 2 blancs d'œufs
- 1 pincée de sel
- 400 g de fraises
- 100 g de sucre en poudre
- 20 cl de crème liquide
- 3 cuill. à soupe de sirop de fraise
- Fruits rouges variés pour la décoration

Vin :

Cabernet d'Anjou moelleux à 11 °C

✓ Versez le sirop dans un bol et ajoutez 5 cl d'eau. Mélangez. Mouillez l'intérieur de six petits moules à charlotte et chemisez-les de film alimentaire. Trempez quelques secondes le côté plat des biscuits roses dans le sirop. Posez-les ensuite à la verticale contre les parois des moules, côté imbibé vers l'intérieur. Placez au frais.

✓ Faites ramollir les feuilles de gélatine dans de l'eau froide. Essorez-les bien et faites-les fondre dans deux cuillères à soupe d'eau bouillante.

Astuce : Pour permettre aux blancs de monter en neige très ferme, sortez les œufs du réfrigérateur au moins 30 minutes avant de commencer à les battre.

✓ Lavez et équeutez les fraises. Mixez-les pour les réduire en purée. Ajoutez la gélatine fondue et mélangez bien. Montez la crème en chantilly en ajoutant le sucre en poudre, petit à petit, quand elle commence à prendre. Montez les blancs en neige très ferme avec le sel.

✓ Incorporez la chantilly, puis les blancs en neige, à la purée de fraises. Remplissez les moules de mousse de fraises et placez au frais pendant au moins 2 heures.

✓ Au moment de servir, démoulez les charlottes et décorez-les de fruits rouges.

Chouquettes

Préparation : ***20 min*** - Cuisson : ***40 min***
Difficulté : ***très facile*** - Budget : ***pas cher***

Pour 6 personnes

- 150 g de farine
- 125 g de beurre
- 4 œufs
- 2 pincées de sel
- 1 cuill. à soupe de sucre en poudre
- 1 cuill. à soupe de sucre en grains

Vin :
Blanquette de Limoux à 7 °C

✓ Préchauffez le four th 7 (210 °C). Coupez le beurre dans une casserole. Ajoutez le sucre en poudre, le sel et ¼ l d'eau. Faites chauffer.

✓ Hors du feu, ajoutez la farine d'un seul coup. Remettez sur le feu et faites cuire en mélangeant, jusqu'à ce que la pâte se détache de la casserole.

✓ Retirez du feu et incorporez les œufs entiers, un par un, en mélangeant bien entre chaque.

✓ Mettez la pâte dans une poche à douille lisse. Faites des boules de pâte sur une feuille de papier sulfurisé humidifiée en les espaçant bien. Saupoudrez de sucre en grains. Faites cuire 30 minutes en laissant la porte du four entrouverte.

✓ Sortez les chouquettes du four et laissez-les bien refroidir.

Astuce : Vous pouvez préparer les chouquettes en avance et les conserver quelques jours dans une boîte hermétique.

Compote de fraises, de pêches et de rhubarbe

Préparation : ***30 min*** - Cuisson : ***1 h 05***
Réfrigération : ***1 h*** - Difficulté : ***très facile*** - Budget : ***abordable***

Pour 6 personnes

- 600 g de rhubarbe
- 500 g de fraises
- 250 g de sucre en poudre
- 10 cl de vin rouge
- 10 cl de muscat
- 6 pêches jaunes
- 1 clou de girofle
- 1 bâton de cannelle
- 1 gousse de vanille

Vin :

Muscat de Frontignan à 8 °C

✓ Épluchez les pêches et la rhubarbe et coupez les fruits en morceaux. Versez le vin rouge dans une casserole. Ajoutez 100 g de sucre, le clou de girofle et la cannelle. Portez à ébullition et laissez cuire 10 minutes à petits bouillons. Ajoutez les fraises et poursuivez la cuisson 15 minutes.

✓ Mettez la rhubarbe dans une casserole. Poudrez-la de 100 g de sucre, ajoutez la vanille fendue en deux dans la longueur et 15 cl d'eau. Couvrez et placez sur feu doux. Faites cuire 20 minutes, en remuant de temps en temps.

✓ Mettez les pêches dans une casserole. Ajoutez le reste de sucre et le muscat. Couvrez et faites cuire à feu doux 20 minutes, en remuant de temps en temps.

✓ Mixez la rhubarbe et son jus de cuisson et placez la compote obtenue au frais 1 heure. Mixez les pêches et leur jus de cuisson et placez au frais 1 heure. Versez les fraises et leur jus de cuisson dans un saladier. Placez au frais 1 heure.

✓ Servez les trois compotes ensemble avec des biscuits.

Astuce : Pour peler facilement les pêches, il suffit de les plonger 30 secondes dans de l'eau bouillante.

Crumble à la rhubarbe

Préparation : ***20 min*** - Cuisson : ***40 min***
Difficulté : ***très facile*** - Budget : ***pas cher***

Pour 4 personnes

- 800 g de rhubarbe
- 180 g de sucre en poudre
- 50 g de beurre
- 20 g de cassonade
- 20 g de raisins secs
- 10 boudoirs
- 1 noix de beurre pour les ramequins

Vin :
Cérons à 7 °C

✓ Effilez la rhubarbe et coupez–la en morceaux. Mélangez-la avec le sucre et les raisins, ajoutez un peu d'eau et faites cuire la rhubarbe dans une casserole jusqu'à ce qu'elle soit tendre.

✓ Pendant ce temps, émiettez grossièrement les boudoirs dans un saladier. Ajoutez le beurre ramolli en parcelles et la cassonade. Mélangez du bout des doigts pour former une pâte sableuse.

✓ Préchauffez le four th 6-7 (200 °C). Égouttez la rhubarbe et les raisins. Répartissez-les dans des ramequins beurrés.

✓ Émiettez la pâte à crumble sur le dessus et faites cuire 15 à 20 minutes.

✓ Servez dès la sortie du four avec de la crème fraîche épaisse.

Astuce : Pour une recette plus classique, vous pouvez réaliser la pâte en mélangeant 150 g de farine, 150 g de cassonade et 150 g de beurre. Pensez à sortir le beurre 1/2 heure avant de commencer.

Fraises à la crème stracciatella

Préparation : ***15 min*** - Cuisson : ***0***
Difficulté : ***très facile*** - Budget : ***pas cher***

Pour 4 personnes

- 500 g de fraises
- 600 g de yaourt au lait entier
- 2 cuill. à soupe de sucre en poudre
- 1 cuill. à soupe de chocolat râpé

Pour la décoration :

- Quelques fraises
- 2 cuill. à soupe de copeaux de chocolat

Vin :

Rivesaltes rouge tuilé à 15 °C

✓ Rafraîchissez les fraises sous l'eau froide et coupez-les en deux ou en quatre selon leur taille. Saupoudrez-les de sucre et réservez-les pendant 10 minutes.

✓ Mélangez bien le yaourt avec le chocolat râpé.

✓ Remplissez quatre ramequins en alternant une couche de yaourt chocolaté et une couche de morceaux de fraises. Décorez de fraises et de copeaux de chocolat et servez bien frais.

Astuce : Vous réaliserez les copeaux de chocolat en utilisant un économe que vous passerez sur l'arête de la tablette de chocolat.

Fruits à l'infusion de jasmin

Préparation : ***20 min*** - Cuisson : ***15 min***
Difficulté : ***très facile*** - Budget : ***abordable***

Pour 6 personnes

- 200 g de fraises
- 150 g de framboises
- 50 g de raisins secs
- 6 abricots secs
- 2 oranges
- 2 pommes
- 1 étoile de badiane
- 1 bâton de cannelle
- 1 feuille de laurier
- 1 pincée de safran en filaments
- 1 bâton d'angélique
- Le jus d'un citron
- 1 cuill. à soupe d'essence de jasmin
- 1 cuill. à café de miel d'acacia

Vin :

Monbazillac à 7 °C

✓ Prélevez le zeste des oranges. Versez ½ l d'eau dans une casserole. Ajoutez l'essence de jasmin, les abricots, les raisins secs, le miel, la badiane, le bâton de cannelle, le zeste d'orange et la feuille de laurier. Portez le tout à ébullition.

✓ Aux premiers frémissements, baissez le feu et laissez cuire 10 minutes à petits bouillons. Retirez du feu et laissez tiédir à température ambiante.

✓ Pelez les oranges à vif. Détachez les quartiers en passant la lame d'un couteau entre les fines membranes les séparant.

✓ Évidez les pommes à l'aide d'un vide-pomme et coupez-les en tranches fines. Arrosez-les de jus de citron. Équeutez les fraises. Découpez l'angélique en fins bâtonnets.

✓ Répartissez les fruits dans six coupes. Arrosez-les de l'infusion de jasmin et parsemez-les de filaments de safran et d'angélique. Servez sans attendre.

Glace au yaourt

Préparation : ***20 min*** - Cuisson : ***0***
Réfrigération : ***2 h*** - Difficulté : ***facile*** - Budget : ***pas cher***

Pour 6 personnes

- 5 yaourts bulgares
- 2 citrons
- 1 sachet de sucre vanillé
- 180 g de sucre en poudre
- 2 cuill. à soupe de crème fraîche épaisse
- Quelques feuilles de menthe

Vin :

Haut Montravel moelleux à 7 °C

✓ Lavez soigneusement les citrons, puis séchez-les. Râpez très finement le zeste et pressez le jus.

✓ Battez vigoureusement les yaourts avec le sucre et le sucre vanillé. Ajoutez la crème fraîche et mélangez bien. Incorporez le zeste de citron et versez le jus en filet, en fouettant sans arrêt.

✓ Versez la préparation dans une sorbetière et turbinez 20 minutes. Versez la crème dans une terrine et placez au congélateur pendant 2 heures

✓ Confectionnez des boules de glace et répartissez-les dans des coupelles. Décorez de feuilles de menthe et servez aussitôt accompagné de petites madeleines au citron.

Astuce : Si vous ne possédez pas de sorbetière, mettez la préparation directement au congélateur et mélangez-la à la fourchette toutes les 15 minutes pendant 2 heures. Mettez un couvercle à fin qu'il n'y ait pas de formation de cristaux.

Pêches gratinées au sucre

Préparation : ***15 min*** - Cuisson : ***10 min***
Difficulté : ***facile*** - Budget : ***pas cher***

Pour 2 personnes

- 2 pêches
- 1 œuf
- ½ sachet de sucre vanillé
- ½ citron non traité
- 125 g de fromage blanc
- 50 g de sucre en poudre
- 1 noisette de beurre pour les moules

Vin :
Sauternes à 7 °C

✓ Ébouillantez les pêches pour les peler plus facilement, puis coupez-les en deux et dénoyautez-les.

✓ Lavez le citron, râpez le zeste et pressez le jus. Mélangez le jus avec le fromage blanc.

✓ Cassez l'œuf en séparant le blanc du jaune. Mélangez le jaune avec le sucre en poudre et le sucre vanillé et incorporez le tout au fromage blanc.

✓ Préchauffez le four th 8 (240 °C). Battez le blanc en neige très ferme et incorporez-le au mélange précédent en soulevant délicatement. Beurrez deux moules et remplissez-les avec la préparation.

✓ Coupez les pêches en tranches et répartissez-les sur le fromage blanc. Enfournez et faites cuire pendant 10 minutes, jusqu'à ce que les pêches soient bien dorées. Servez tiède ou froid.

Astuce : Pour que le blanc en neige se détache facilement du récipient, passez le saladier sous l'eau froide avant de casser l'œuf.

Petites crèmes à la citronnelle

Préparation : ***25 min*** - Cuisson : ***25 min***
Réfrigération : ***3 h*** - Difficulté : ***facile*** - Budget : ***pas cher***

Pour 6 personnes

- 3 œufs
- 2 jaunes d'œufs
- 2 tiges de citronnelle
- 300 g de crème fraîche
- 75 g de sucre en poudre
- 20 cl de lait
- Quelques tranches de citronnelle pour la décoration
- 1 noix de beurre pour les ramequins

Vin :
Jurançon moelleux à 7 °C

✓ Portez le lait à ébullition, incorporez la crème fraîche et la citronnelle préalablement coupée en lamelles et faites cuire à feux doux, sans cesser de remuer, pendant environ 5 minutes jusqu'à épaississement.

✓ Fouettez les œufs, les jaunes d'œufs et le sucre jusqu'à ce que le mélange devienne crémeux mais pas mousseux, et incorporez petit à petit le lait à la citronnelle.

✓ Filtrez la crème dans un tamis et versez-la dans six ramequins préalablement beurrés.

✓ Remplissez un plat d'eau chaude aux deux tiers de la hauteur des ramequins et disposez-y les ramequins. Faites cuire les crèmes dans un four préchauffé à th 7 (210 °C) pendant 20 minutes. Sortez les ramequins du bain-marie et déposez-les au réfrigérateur pendant 3 heures.

✓ Servez les crèmes en les décorant de quelques tranches de citronnelle.

Astuce : La citronnelle est une plante du sud-est de l'Asie. Si vous n'en trouvez pas, vous pouvez la remplacer par du thym citron.

Soufflés glacés aux framboises

Préparation : ***30 min*** - Cuisson : ***3 min***
Réfrigération : ***3 h*** - Difficulté : ***difficile*** - Budget : ***pas cher***

Pour 6 personnes

- 400 g de framboises
- 250 g de sucre en poudre
- 5 blancs d'œufs
- 25 cl de crème liquide

Vin :

Muscat de Beaumes de Venise à 9 °C

✓ Portez à ébullition 7 cl d'eau et le sucre. Laissez bouillir 2 minutes. Laissez refroidir. Mixez les framboises pour obtenir une purée. Mélangez le sirop de sucre à la purée de framboises. Battez la crème liquide en chantilly et mélangez-la délicatement à la purée de framboises. Gardez au frais.

✓ Découpez six bandes de papier sulfurisé de 15 cm de large environ. Pliez-les en deux dans la largeur. Fixez les bandes autour des ramequins en les maintenant avec un élastique et en les laissant dépasser de 5 cm environ.

✓ Battez les blancs en neige et incorporez-les à la préparation aux framboises. Versez la mousse dans les ramequins, en la faisant déborder de 4 cm. Placez 3 heures au congélateur.

✓ Sortez les soufflés du congélateur et laissez-les 15 minutes à température ambiante. Retirez le papier et servez.

Astuce : Pour réussir la crème chantilly, placez le saladier, la crème et les fouets du batteur au congélateur 15 minutes avant de battre.

Tartes aux fraises

Préparation : ***20 min*** - Cuisson : ***30 min***
Repos : ***3 h*** - Difficulté : ***facile*** - Budget : ***pas cher***

Pour 6 personnes

- 400 g de fraises
- 250 g de farine
- 160 g de crème fraîche épaisse
- 150 g de beurre
- 125 g de sucre en poudre
- 3 œufs
- 1 pincée de sel
- 1 noix de beurre pour les moules
- 6 cuill. à soupe de lait
- 2 cuill. à soupe de farine pour le plan de travail

Vin :
Muscat d'Alsace à 8 °C

✓ Mettez la farine, une cuillère à café de sucre, le sel et le beurre en parcelles dans le bol d'un mixeur. Mixez jusqu'à obtention d'un mélange sableux.

✓ Ajoutez le lait et un jaune d'œuf, et mixez jusqu'à formation d'une boule de pâte. Emballez-la dans du film alimentaire et placez-la au frais 3 heures. Préchauffez le four th 6 (180 °C).

✓ Équeutez et coupez les fraises en deux. Fouettez la crème avec le sucre et les œufs restants.

✓ Étalez la pâte sur un plan de travail fariné. Découpez six disques à l'aide d'un emporte-pièce. Garnissez-en six moules à tarte individuels beurrés. Piquez le fond avec une fourchette.

✓ Garnissez les fonds de tarte de fraises et versez la préparation par-dessus. Enfournez et faites cuire 30 minutes. Sortez les tartelettes du four, laissez refroidir, démoulez et servez.

Astuce : Évitez de mettre les tartes au réfrigérateur car la pâte se ramollirait et les fraises perdraient leur parfum.

Été

Assiette de légumes grillés

Préparation : ***20 min*** - Cuisson : ***30 min***
Difficulté : ***très facile*** - Budget : ***pas cher***

Pour 6 personnes

- 3 courgettes
- 2 aubergines
- 2 oignons blancs
- 1 poivron rouge
- 1 poivron jaune
- 1 gousse d'ail
- 2 branches de thym citron
- 250 g de lardons fins
- 4 cuill. à soupe d'huile d'olive
- Sel, poivre

Vin :
Sancerre blanc à 11 °C

✓ Préchauffez le four th 6 (180 °C). Lavez les légumes. Coupez les poivrons en deux et épépinez-les. Pelez les oignons et coupez-les en rondelles. Taillez les courgettes et les aubergines en rondelles biseautées et les poivrons en lamelles.

✓ Posez les légumes sur la plaque du four recouverte de papier d'aluminium. Arrosez-les d'un filet d'huile d'olive, salez et poivrez. Enfournez et faites cuire 20 minutes.

✓ Retirez la plaque du four et mettez le four en position gril. Enfournez à nouveau assez haut et poursuivez la cuisson 5 à 6 minutes, porte du four entrouverte.

✓ Pelez et hachez l'ail. Dorez les lardons dans une poêle chauffée à blanc. Sortez les légumes du four et mettez-les dans un plat. Ajoutez les lardons et l'ail. Arrosez du reste d'huile d'olive et mélangez. Parsemez de thym citron et servez chaud, tiède ou froid.

Astuce : Si vous souhaitez alléger les lardons, il suffit de les faire blanchir 1 minute dans de l'eau bouillante, puis de les faire dorer dans une poêle, sans ajouter de matière grasse.

Bouchées au chèvre frais et à la tomate

Préparation : ***20 min*** - Cuisson : ***20 min***
Difficulté : ***très facile*** - Budget : ***pas cher***

Pour 6 personnes

- 250 g de pâte feuilletée
- 12 tomates cerises
- 4 petits fromages de chèvre frais
- 2 branches de thym
- 3 cuill. à soupe d'huile d'olive
- 2 cuill. à soupe de farine pour le plan de travail
- 1 noix de beurre pour les moules
- Sel, poivre

Vin :
Bourgogne blanc à 9 °C

✓ Préchauffez le four th 7 (210 °C). Étalez la pâte sur un plan de travail fariné et découpez, à l'aide d'un emporte-pièce, vingt-quatre petits ronds de pâte d'un diamètre légèrement supérieur à celui des moules à tartelette. Beurrez les moules et garnissez-les de pâte. Piquez le fond avec une fourchette et mettez au frais.

✓ Écrasez les fromages de chèvre à la fourchette avec l'huile d'olive, du sel et du poivre.

✓ Lavez les tomates et coupez-les en deux. Remplissez aux deux tiers les fonds de tartelettes de préparation au fromage. Posez par-dessus une demi-tomate et parsemez de thym. Enfournez les tartelettes. Faites cuire 20 minutes environ.

✓ Démoulez les tartelettes et servez-les tièdes.

Astuce : Ajoutez pour parfumer les tartelettes, quelques gouttes de vinaigre balsamique.

Bruschetta

Préparation : ***25 min*** - Cuisson : ***30 min***
Difficulté : ***très facile*** - Budget : ***pas cher***

Pour 6 personnes

- 12 tranches de pain de campagne
- 6 tomates confites
- 2 tiges de basilic
- 2 gousses d'ail
- 1 aubergine
- 1 courgette
- 1 poivron rouge
- 1 poivron vert
- 1 poivron jaune
- 5 cuill. à soupe d'huile d'olive
- Fleur de sel
- Poivre du moulin

Vin :
St-Chinian rosé à 9 °C

✓ Lavez les légumes. Épépinez et coupez les poivrons en lanières fines. Détaillez la courgette en rondelles fines et l'aubergine en petits cubes.

✓ Faites chauffer trois cuillères à soupe d'huile d'olive dans une cocotte. Faites-y revenir les poivrons, sans coloration, pendant environ 5 minutes. Ajoutez l'aubergine, prolongez la cuisson 10 minutes, puis ajoutez la courgette et les tomates confites. Salez et poivrez. Mélangez bien et couvrez. Faites cuire à feu doux pendant 15 minutes.

✓ Pendant ce temps, faites griller les tranches de pain. Frottez-les ensuite avec les gousses d'ail coupées en deux.

✓ Mettez les tranches de pain dans une assiette. Arrosez-les du reste d'huile d'olive et garnissez-les de légumes.

✓ Décorez de feuilles de basilic et servez aussitôt.

Astuce : Tartinez les tranches de pain de ricotta, salez et poivrez bien, puis garnissez de légumes.

Cake aux légumes

Préparation : ***25 min*** - Cuisson : ***55 min***
Difficulté : ***facile*** - Budget : ***pas cher***

Pour 6 personnes

- 3 œufs
- 1 courgette
- 1 aubergine
- 1 carotte
- 1 bouquet de persil
- 1 sachet de levure
- 200 g de farine
- 50 g de beurre
- 10 cl d'huile d'olive
- 10 cl de crème liquide
- 1 noisette de beurre pour le moule
- Sel, poivre

Vin :
Rosé de Loire à 11 °C

✓ Préchauffez le four th 6 (180 °C).

✓ Pelez les légumes et coupez-les en tous petits dés. Lavez, séchez, effeuillez et hachez finement le persil. Faites fondre le beurre dans une poêle et faites-y suer les dés de légumes 15 minutes, en remuant. Salez, poivrez, puis réservez.

✓ Versez la farine et la levure dans un saladier. Creusez un puits au centre et cassez-y les œufs. Mélangez au fouet en incorporant l'huile petit à petit. Versez la crème liquide et fouettez bien. Ajoutez les légumes et le persil, puis mélangez.

✓ Beurrez un moule à cake et versez-y la préparation. Enfournez et faites cuire 40 minutes.

✓ Sortez le cake du four et laissez-le tiédir. Démoulez-le dans un plat et servez-le tiède ou froid.

Astuce : Variez les plaisirs en variant les parfums de vos cakes : mozzarella-tomate-sauge, olives-gruyère-jambon, figues-jambon cru...

Frittata aux tomates et au basilic

Préparation : ***10 min*** - Cuisson : ***20 min***
Difficulté : ***facile*** - Budget : ***pas cher***

Pour 4 personnes

- 5 œufs
- 500 g de tomates bien mûres
- 20 g de parmesan fraîchement râpé
- 2 cuill. à soupe d'huile d'olive
- 2 cuill. à soupe de basilic ciselé
- Sel, poivre

Vin :
Alsace-Sylvaner à 9 °C

✓ Plongez les tomates quelques secondes dans de l'eau bouillante. Rafraîchissez-les, pelez-les, coupez-les en quatre, épépinez-les, puis coupez-les en dés.

✓ Faites chauffer une cuillère à soupe d'huile d'olive dans une grande poêle. Ajoutez-y les tomates, salez et laissez mijoter 5 minutes. Retirez du feu et réservez.

✓ Battez les œufs en omelette, puis incorporez les tomates, le parmesan et le basilic. Salez, poivrez et mélangez soigneusement.

✓ Faites chauffer le reste de l'huile dans une poêle, versez-y le mélange œufs-tomates et faites cuire à feu moyen. Retournez l'omelette en vous aidant d'une grande assiette et terminez la cuisson.

Gratin de chèvre au thym

Préparation : ***10 min*** - Cuisson : ***15 min***
Difficulté : ***très facile*** - Budget : ***pas cher***

Pour 6 personnes

- 6 fromages de chèvre frais
- 1 œuf
- 1 bouquet de thym
- 25 cl de crème liquide
- 1 cuill. à soupe d'huile pour le plat
- Poivre

Vin :
Mâcon blanc à 11 °C

✓ Préchauffez le four th 6 (180 C°). Huilez un plat à gratin. Effeuillez le thym.

✓ Coupez les fromages de chèvre en deux dans l'épaisseur. Posez-les dans le plat à gratin et poivrez-les.

✓ Fouettez la crème et l'œuf dans un grand bol. Ajoutez le thym effeuillé et poivrez. Versez cette préparation sur les fromages de chèvre. Enfournez le plat à gratin et faites cuire jusqu'à ce que le gratin soit bien doré.

✓ Sortez du four et servez immédiatement avec du jambon cru ou une salade de tomates.

Astuce : Pour encore plus de saveur, frottez le plat avec une gousse d'ail.

Quiches à la mozzarella et aux tomates

Préparation : ***35 min*** - Cuisson : ***30 min***
Repos : ***1 h*** - Difficulté : ***facile*** - Budget : ***pas cher***

Pour 4 personnes

Pour la pâte :
- 200 g de farine
- 100 g de beurre froid
- 1 œuf
- 1 pincée de sel
- 1 cuill. à soupe de basilic fraîchement ciselé

Pour la garniture :
- 500 g de tomates cerises
- 100 g de crème fraîche liquide
- 100 g de crème fraîche
- 60 g de mozzarella en morceaux
- 2 œufs
- 1 pincée de noix de muscade
- 2 cuill. à soupe de basilic ciselé
- 1 cuill. à c. de moutarde
- 1 cuill. à c. de zeste de citron
- Sel, poivre

Pour la décoration :
- Feuilles de basilic

Vin :

Hautes Côtes de Nuit rouge à 15 °C

✓ Pour la pâte : pétrissez le beurre, la farine, le sel, l'œuf et le basilic ciselé pour obtenir une pâte homogène. Enveloppez-la dans du film étirable et entreposez-la 1 heure au frais.

✓ Lavez les tomates cerises et coupez-les en deux. Battez la crème fraîche liquide avec la crème fraîche, la mozzarella et les œufs. Assaisonnez avec du sel, du poivre, la noix de muscade, la moutarde et le zeste de citron. Incorporez le basilic ciselé.

✓ Abaissez la pâte sur 3 à 4 mm, découpez quatre ronds et disposez-les dans quatre petits moules Ø 12 cm. Versez le mélange à base de crème fraîche et disposez les tomates côté bombé sur le dessus.

✓ Faites cuire 30 minutes dans un four préchauffé à th 7 (200 °C). Retirez les quiches de leurs moules et disposez-les sur des assiettes.

✓ Servez décoré de feuilles de basilic.

Astuce : Pour une recette express, utilisez un rouleau de pâte brisée. Sortez-la du réfrigérateur 30 minutes avant de l'utiliser, elle sera plus malléable.

Salade de poivrons marinés

Préparation : ***20 min*** - Cuisson : ***20 min***
Difficulté : ***facile*** - Budget : ***pas cher***

Pour 6 personnes

- 3 poivrons rouges
- 3 poivrons verts
- 2 poivrons jaunes
- 15 feuilles de basilic
- 3 gousses d'ail
- 1 branche de céleri
- 150 g de tomates confites
- 100 g de jambon cru
- 50 g de copeaux de parmesan
- 4 cuill. à soupe de pesto
- 3 cuill. à soupe d'huile d'olive
- Sel, poivre

Vin :

Rosé d'Anjou à 11 °C

✓ Préchauffez le four en position gril. Posez les poivrons sur la plaque recouverte de papier d'aluminium. Faites-les griller, en les retournant régulièrement, et en surveillant bien pour qu'ils ne brûlent pas. Sortez-les du four et laissez-les refroidir.

✓ Pelez et émincez finement l'ail et le céleri. Lavez, séchez et effeuillez le basilic. Coupez le jambon en lanières. Pelez les poivrons et coupez-les en deux. Épépinez-les et taillez-les en lamelles.

✓ Dans un saladier, mélangez les poivrons, le jambon, les tomates confites, l'ail, le céleri et le basilic. Salez et poivrez.

✓ Dans un bol, mélangez le pesto avec l'huile d'olive. Versez sur la salade et placez au frais. Avant de servir, parsemez de copeaux de parmesan.

Astuce : Réalisez vous-même le pesto en mixant 60 g de basilic, 50 g de parmesan râpé, 30 g de pignons de pin, une demi-gousse d'ail et 12,5 cl d'huile d'olive.

Salade grecque

Préparation : ***15 min*** - Cuisson : ***0***
Difficulté : ***très facile*** - Budget : ***pas cher***

Pour 4 personnes

- 200 g de feta
- 100 g d'olives noires
- 4 tomates
- 4 piments doux (verts et rouges)
- 2 oignons blancs
- 1 concombre
- 6 cuill. à soupe d'huile d'olive
- 4 cuill. à soupe de vinaigre de vin blanc
- Quelques feuilles de basilic pour la décoration
- Sel, poivre

Vin :

Pouilly Fumé à 12 °C

✓ Coupez le concombre en petits morceaux. Coupez les tomates et les oignons en fines rondelles. Épépinez les piments et coupez-les en petits dés. Émiettez la feta.

✓ Préparez la vinaigrette : mélangez le vinaigre, du sel et du poivre avec un fouet, puis incorporez progressivement l'huile d'olive.

✓ Présentez le concombre, les tomates, les oignons et les piments sur quatre assiettes. Répartissez les olives, arrosez de vinaigrette et recouvrez de feta.

✓ Décorez de quelques feuilles de basilic et servez la salade grecque accompagnée de pain au sésame.

Sardines marinées au sel de Guérande

Préparation : ***15 min*** - Cuisson : ***0***
Réfrigération : ***2 h*** - Difficulté : ***très facile*** - Budget : ***pas cher***

Pour 6 personnes

- 30 filets de sardine sans arêtes
- 3 brins de thym citron
- 2 oignons blancs
- 100 g de sel de Guérande
- 15 cl d'huile d'olive
- Poivre

Vin :
Graves blanc à 9 °C

✓ Pelez et émincez finement les oignons.

✓ Disposez une couche de filets de sardine dans le fond d'une terrine, côté peau en dessous. Saupoudrez de sel de Guérande et poivrez. Ajoutez quelques rondelles d'oignons et parsemez de thym citron. Arrosez d'un filet d'huile d'olive.

✓ Recommencez l'opération jusqu'à épuisement des ingrédients. Couvrez la terrine de film alimentaire et placez-la au frais pendant 2 heures au minimum.

✓ Servez avec des pommes de terre tièdes cuites à l'eau.

Astuce : Pour gagner du temps, demandez à votre poissonnier de vous préparer les filets de sardines. Si vous les préparez vous-même, coupez les têtes, ouvrez-les sur toute la longueur du ventre, videz-les, rincez-les sous un filet d'eau froide, enlevez l'arête centrale et séparez les filets en deux.

Soupe froide à la tomate et au basilic

Préparation : ***15 min*** - Cuisson : ***1 min***
Réfrigération : ***2 h*** - Difficulté : ***très facile*** - Budget : ***pas cher***

Pour 6 personnes

- 12 grosses tomates fraîches
- 18 mini boules de mozzarella
- 1 citron
- 1 bouquet de basilic
- 2 cuill. à soupe d'huile d'olive
- 1 cuill. à soupe de vinaigre
- Sel, poivre

Vin :

Rully blanc à 9 °C

✓ Lavez les tomates. Après avoir retiré les pédoncules, plongez-les dans de l'eau bouillante quelques secondes. Quand la peau se détache, égouttez-les, passez-les sous l'eau froide et épluchez-les.

✓ Coupez les tomates en morceaux et mettez-les dans le bol d'un mixeur. Pressez le jus du citron. Lavez, séchez et effeuillez le basilic. Réservez quelques feuilles pour la décoration et ciselez le reste.

✓ Ajoutez le jus de citron, le vinaigre, l'huile et le basilic dans le bol du mixeur. Faites tourner jusqu'à obtention d'une soupe. Au besoin, rajoutez un peu d'eau si elle vous paraît trop épaisse.

✓ Versez la soupe dans un saladier, salez et poivrez. Mélangez bien et placez au frais au moins 2 heures.

✓ Coupez les mini boules de mozzarella en deux. Répartissez la soupe dans les bols, puis ajoutez la mozzarella et les feuilles de basilic. Servez aussitôt.

Astuce : Vous pouvez aussi mixer les tomates avec la peau. La soupe sera moins onctueuse, mais elle aura plus de goût.

Tartare de tomates et de chèvre

Préparation : ***15 min*** - Cuisson : ***0***
Difficulté : ***très facile*** - Budget : ***pas cher***

Pour 6 personnes

- 8 tomates
- 15 olives vertes dénoyautées
- 3 crottins de chèvre
- 1 petit bouquet de basilic
- 1 pointe de piment de Cayenne
- 4 cuill. à soupe d'huile d'olive
- Fleur de sel
- Poivre du moulin

Vin :
Muscadet-Sèvre et Maine à 9 °C

✓ Retirez les pédoncules des tomates. Plongez les tomates quelques secondes dans de l'eau bouillante. Quand la peau se détache, égouttez-les, rafraîchissez-les sous l'eau froide et pelez-les. Coupez-les en deux, épépinez-les et hachez-les grossièrement.

✓ Mettez les tomates concassées dans un plat creux. Détaillez les crottins de chèvre en petits cubes. Coupez les olives en quatre. Effeuillez le basilic. Réservez quelques jolies feuilles pour la décoration et ciselez le reste.

✓ Ajoutez le chèvre, les olives, le basilic et le piment de Cayenne aux tomates. Arrosez d'huile d'olive, salez et poivrez. Mélangez bien. Répartissez les tartares de tomates dans six verres, décorez de feuilles de basilic et servez très frais.

Astuce : Conservez le reste du bouquet de basilic. Hachez-le, faites prendre dans des bacs à glaçons avec un peu d'eau et conservez les cubes au congélateur dans un sac plastique, vous le retrouverez avec plaisir pour agrémenter un plat de pâtes ou un gratin.

Aubergines farcies

Préparation : ***30 min*** - Cuisson : ***1 h 30***
Difficulté : ***facile*** - Budget : ***pas cher***

Pour 6 personnes

- 12 filets d'anchois
- 6 aubergines
- 9 brins de thym
- 4 oignons rouges
- 4 gousses d'ail
- ½ bouquet de coriandre
- 150 g de gruyère râpé
- 100 g de tomates confites
- 100 g de boulgour
- 10 cl d'eau
- 6 cuill. à soupe d'huile d'olive

Vin :

Côtes du Rhône rouge à 15 °C

✓ Préchauffez le four th 7 (210 °C). Emballez les aubergines dans du papier d'aluminium, enfournez et faites cuire 20 minutes. Préparez le boulgour selon les indications du paquet. Ciselez la coriandre.

✓ Sortez les aubergines du four, retirez le papier d'aluminium et découpez un couvercle sur le dessus. Évidez-les et coupez la chair en petits morceaux.

✓ Pelez et hachez l'ail et les oignons. Faites chauffer deux cuillères à soupe d'huile dans une poêle. Ajoutez l'ail, l'oignon et trois brins de thym. Faites-les blondir, puis ajoutez les morceaux d'aubergines, le boulgour et la coriandre. Salez, poivrez, versez l'eau et faites mijoter 30 minutes à feu doux.

✓ Ajoutez le gruyère râpé et l'huile d'olive restante dans la poêle. Remplissez les coques d'aubergines de la préparation et posez deux filets d'anchois par-dessus.

✓ Posez les aubergines dans un plat à four, versez un petit verre d'eau dans le fond et enfournez. Baissez le four th 6 (180 °C) et faites cuire 30 minutes. Déposez les aubergines farcies dans des assiettes, décorez du thym restant et servez aussitôt.

Astuce : Utilisez des aubergines de petite taille qui seront plus savoureuses et moins amères.

Brochettes d'agneau aux poivrons

Préparation : ***20 min*** - Cuisson : ***25 min***
Difficulté : ***très facile*** - Budget : ***abordable***

Pour 6 personnes

- 500 g de viande d'agneau à griller
- 6 pains pita
- 2 brins de thym
- 2 poivrons verts
- 1 poivron jaune
- 3 cuill. à soupe d'huile d'olive
- Sel, poivre

Vin :
Pauillac à 16 °C

✓ Coupez la viande en petits morceaux. Épépinez les poivrons. Coupez le poivron jaune et un poivron vert en petits carrés. Émincez le deuxième poivron vert très finement.

✓ Allumez le four en position gril. Piquez la viande et les carrés de poivrons sur des brochettes en bois en les alternant. Mettez les brochettes sur la plaque du four couverte de papier d'aluminium. Salez, poivrez et arrosez de deux cuillères à soupe d'huile d'olive. Mettez les brochettes au four 15 minutes environ, en les retournant régulièrement.

Astuce : Si vous utilisez un barbecue, le temps de cuisson est le même. Trempez les brochettes en bois dans de l'eau froide pour qu'elles ne brûlent pas et surveillez la cuisson en retournant les brochettes très régulièrement.

✓ Faites chauffer l'huile restante dans une poêle et faites-y revenir rapidement le poivron émincé. Salez et poivrez.

✓ Retirez les brochettes du four et gardez-les au chaud dans du papier d'aluminium. Faites réchauffer les pains 5 minutes au four.

✓ Enfoncez les pains dans des bols. Remplissez-les de poivron émincé et posez les brochettes par-dessus. Servez immédiatement.

Brochettes de boeuf au paprika

Préparation : ***15 min*** - Cuisson : ***10 min***
Réfrigération : ***1 h*** - Difficulté : ***très facile*** - Budget : ***abordable***

Pour 6 personnes

- 1,2 kg de rumsteck
- 18 tranches fines de poitrine fumée
- 2 poivrons jaunes
- 4 branches de thym frais
- 8 cuill. à soupe d'huile d'olive
- 1 cuill. à café de poivre en grains
- 1 cuill. à soupe de paprika
- Fleur de sel

Vin :
Coteaux du Languedoc rouge à 15 °C

✓ Coupez la viande en petits cubes et mettez-la dans un plat creux. Concassez le poivre en grains et parsemez-en la viande. Effeuillez une branche de thym. Dispersez le thym sur la viande et arrosez d'huile d'olive. Saupoudrez de paprika, mélangez et laissez mariner 1 heure au frais, en retournant régulièrement la viande.

✓ Pendant ce temps, lavez et épépinez les poivrons, puis coupez-les en dés.

✓ Piquez les cubes de viande, les dés de poivrons et les tranches de poitrine fumée sur des brochettes, en les alternant, puis salez.

✓ Faites cuire les brochettes 10 minutes au barbecue ou au four, en les retournant régulièrement (si vous utilisez un four : préchauffez le four en position gril et posez les brochettes sur la plaque recouverte de papier sulfurisé).

✓ Servez les brochettes décorées de thym frais.

Astuce : Il est impératif de retourner régulièrement la viande dans la marinade afin que tous les morceaux prennent bien la marinade.

Brochettes de lapin à la sauce barbecue

Préparation : ***20 min*** - Cuisson : ***15 min***
Repos : ***40 min*** - Difficulté : ***très facile*** - Budget : ***pas cher***

Pour 6 personnes

- 1 kg de lapin désossé
- 4 brins de persil et ciboulette
- 1 échalote
- 1 gros oignon
- 30 cl de vin blanc sec
- 6 cuill. à soupe de ketchup « hot »
- 3 cuill. à soupe d'huile d'olive
- 2 cuill. à soupe de concentré de tomate
- 1 cuill. à café de poivre concassé
- 1 cuill. à café de curry en poudre
- 1 cuill. à soupe de cognac
- 1 filet de tabasco
- Sel, poivre

Vin :
Montagne St-Émilion à 16 °C

✓ Coupez le lapin en petits morceaux. Pelez et hachez l'échalote. Mettez la chair de lapin dans un plat. Parsemez-la d'échalote et de poivre concassé. Arrosez de vin blanc et laissez mariner 20 minutes.

✓ Pelez et hachez très finement l'oignon. Hachez les herbes. Dans un bol, mélangez le ketchup, le concentré de tomate et l'huile d'olive. Salez et poivrez. Délayez le curry dans le cognac, ajoutez le tabasco et versez le tout dans la sauce. Ajoutez l'oignon et les herbes. Mélangez bien et réservez au frais sous film alimentaire.

✓ Préchauffez le four en position gril. Égouttez les morceaux de lapin et piquez-les sur des brochettes. Posez-les sur la grille du four. Salez et enfournez la grille en plaçant la lèchefrite en dessous. Faites cuire 15 minutes, en retournant régulièrement les brochettes pour qu'elles cuisent de tous les côtés. Servez immédiatement avec la sauce barbecue.

Astuce : Le temps de cuisson au barbecue est le même. Retournez très régulièrement les brochettes et arrosez-les souvent de marinade afin que la viande ne se dessèche pas.

Couscous de légumes

Préparation : ***30 min*** - Cuisson : ***1 h 10***
Repos : ***12 h*** - Difficulté : ***facile*** - Budget : ***pas cher***

Pour 6 personnes

- 375 g de semoule de blé
- 225 g de pois chiches
- 75 g de concentré de tomate
- 3 carottes
- 3 courgettes
- 2 oignons
- 2 poivrons (rouge et vert)
- 2 aubergines
- ½ céleri-rave
- 3 gousses d'ail
- 7 cuill. à soupe d'huile d'olive
- 3 cuill. à soupe de sauce harissa
- 1 bâton de cannelle
- 1 pincée de quatre-épices
- Sel, poivre

Vin :
Corbières rouge à 17 °C

✓ Faites tremper les pois chiches dans de l'eau froide pendant une nuit. Rincez-les, puis faites les cuire à faible ébullition pendant 1 heure 30.

✓ Lavez les courgettes et les aubergines. Épluchez le céleri et les carottes. Épépinez les poivrons, pelez les oignons et l'ail. Coupez les légumes en morceaux. Émincez les oignons et hachez l'ail.

✓ Faites chauffer trois cuillères à soupe d'huile dans une cocotte. Faites-y revenir les oignons, l'ail et les poivrons 3 minutes. Ajoutez les légumes, le concentré de tomate, le bâton de cannelle, le quatre-épices et la sauce harissa. Salez et poivrez. Versez ¾ l d'eau dans la cocotte et couvrez. Faites cuire 1 heure à feu doux. 15 minutes avant la fin de la cuisson, ajoutez les pois chiches.

✓ Faites chauffer le reste d'huile dans une sauteuse. Versez-y la semoule et faites-la revenir 2 minutes. Versez ¾ l d'eau salée, couvrez et laissez cuire à feu doux pendant 2 minutes. Retirez du feu et laissez gonfler à couvert.

✓ Égrainez la semoule avec une fourchette. Versez dans un plat, ajoutez les légumes, arrosez du jus de cuisson et servez immédiatement.

Astuce : Faites tremper des raisins secs dans de l'eau tiède pendant 1 heure et ajoutez-les à la semoule. Pour servir avec une sauce piquante, prélevez un peu de sauce et mélangez-la avec trois pincées de piment fort.

Dorade à la méditerranéenne

Préparation : ***15 min*** - Cuisson : ***20 min***
Difficulté : ***facile*** - Budget : ***cher***

Pour 2 personnes

- 1 dorade (environ 600 g)
- 4 tomates
- 2 petites courgettes
- 2 citrons non traités
- 2 à 3 olives vertes, en rondelles
- 3 cuill. à soupe d'huile d'olive
- 1 cuill. à soupe de thym haché
- 1 cuill. à café de romarin haché
- Sel, poivre

Vin :

Côtes du Lubéron blanc à 9 °C

✓ Lavez les citrons et pressez le jus de l'un d'entre eux. Incisez le poisson trois à quatre fois sur chaque côté jusqu'aux arêtes. Salez et arrosez-le du jus de citron.

✓ Coupez les tomates et les courgettes en rondelles et disposez-les dans un plat. Salez et poivrez.

✓ Coupez l'autre citron en rondelles.

✓ Farcissez la dorade avec la moitié des herbes et les tranches de citron, puis posez-la sur les légumes. Parsemez-la du reste d'herbes et des olives.

✓ Arrosez d'huile d'olive et couvrez le plat avec du papier d'aluminium. Faites cuire au four pendant 20 minutes et servez aussitôt.

Astuce : Les incisions faites dans la chair de la dorade facilitent la cuisson et permettent aux jus de s'écouler.

Escalopes de veau au citron et au romarin

Préparation : ***10 min*** - Cuisson : ***15 min***
Difficulté : ***très facile*** - Budget : ***abordable***

Pour 4 personnes

- 4 escalopes de veau (environ 120 g chacune)
- 2 gousses d'ail
- 2 branches de romarin
- 1 citron coupé en rondelles
- Le jus d'un citron
- 40 g de parmesan fraîchement râpé
- 15 g de beurre
- Huile d'olive
- Sel, poivre

Vin :

Bourgogne-Aligoté à 9 °C

✓ Aplatissez légèrement les escalopes et coupez-les en deux. Épluchez les gousses d'ail et coupez-les en quatre. Faites chauffer le beurre et une cuillère à soupe d'huile dans une poêle à revêtement antiadhésif, puis faites-y revenir l'ail jusqu'à ce qu'il soit bien doré. Retirez-le de la poêle.

✓ Faites revenir rapidement les escalopes dans la poêle, 2 à 3 minutes de chaque côté.

✓ Préchauffez le four en position gril. Disposez les rondelles de citron dans un plat à gratin huilé. Répartissez le romarin dans le plat, déposez-y les escalopes et arrosez de jus de citron. Salez, poivrez et saupoudrez de parmesan. Faites griller au four pendant 4 minutes jusqu'à ce que le fromage ait fondu et que la surface soit bien dorée. Servez aussitôt.

Paella

Préparation : ***45 min*** - Cuisson : ***1 h 35***
Difficulté : ***facile*** - Budget : ***cher***

Pour 6 personnes

- 24 crevettes roses
- 24 moules avec leur coques
- 6 cuisses de poulet
- 6 calamars
- 2 oignons
- 2 doses de safran en poudre
- 2 gousses d'ail
- ½ poivron vert
- ½ poivron rouge
- 600 g de riz
- 300 g de tomates concassées
- 20 cl de vin blanc
- 12 cl d'huile d'olive
- 4 cuill. à soupe de petits pois surgelés
- Sel, poivre

Vin :
Minervois rosé à 9 °C

✓ Nettoyez et coupez les calamars en rondelles. Épluchez et émincez les oignons. Pelez et coupez l'ail en lamelles. Épépinez et coupez les poivrons en petits dés.

✓ Faites ouvrir les moules dans le vin blanc avec deux cuillères à soupe d'oignon émincé. Réservez-les.

✓ Faites chauffer la moitié de l'huile dans une sauteuse. Faites-y revenir les crevettes, puis retirez-les et gardez-les de côté. Dans la même huile, faites dorer les morceaux de poulet et l'oignon pendant 5 minutes. Ajoutez les tomates concassées, versez 3 l d'eau et faites cuire à feu doux pendant 45 minutes.

✓ Quand la cuisson est terminée, retirez les morceaux et versez le bouillon dans un saladier. Gardez de côté.

✓ Faites chauffer le reste d'huile dans la sauteuse. Faites-y revenir les calamars, le poivron et l'ail 5 minutes. Ajoutez le riz et mélangez. Versez le bouillon, ajoutez le safran et faites cuire 15 minutes. Salez et poivrez. Ajoutez les morceaux de poulet, les crevettes et les petits pois et prolongez la cuisson 10 minutes à feu doux. 5 minutes avant la fin de la cuisson, ajoutez les moules. Servez très chaud.

Astuce : Pour une paella comme en Espagne, utilisez du riz spécial paella et servez-la avec des tranches de citron.

Paella antillaise

Préparation : ***40 min*** - Cuisson : ***40 min***
Difficulté : ***facile*** - Budget : ***cher***

Pour 4 personnes

- 750 g de moules
- 300 g de riz basmati
- 300 g d'ananas
- 150 g d'oignons
- 4 cuisses de poulet
- 3 gousses d'ail
- 1 poivron rouge
- 1 poivron jaune
- 1 petite mangue (environ 250 g)
- 1 petite papaye (environ 250 g)
- 60 cl de bouillon de volaille
- 20 cl de vin blanc sec
- 3 cuill. à soupe d'huile d'olive
- 2 à 3 cuill. à café de curry en poudre
- Sel, poivre

Pour la décoration :

- Du persil et du thym

Vin :

Pouilly Fumé à 12 °C

✓ Émincez l'ail et les oignons. Coupez les poivrons, épépinez-les et coupez-les en dés. Épluchez la mangue et la papaye et coupez-les en lamelles. Épluchez l'ananas et coupez la chair en petits morceaux.

✓ Grattez les moules, lavez-les plusieurs fois sous l'eau froide. Portez le vin blanc à ébullition dans un faitout, versez les moules et faites-les cuire à l'étouffée jusqu'à ce qu'elles soient toutes ouvertes. Égouttez-les en récupérant le jus de cuisson.

✓ Salez et poivrez les cuisses de poulet, et faites-les revenir dans de l'huile d'olive chaude, dans une poêle à paella. Couvrez et faites cuire 10 minutes à feu doux, en ajoutant un peu de bouillon de volaille si besoin.

✓ Incorporez l'ail, l'oignon, les dés de poivrons, saupoudrez de curry et mélangez rapidement. Arrosez de bouillon de volaille et du jus de cuisson des moules. Salez et poivrez, puis incorporez le riz et faites mijoter 15 minutes. 10 minutes avant la fin de la cuisson, incorporez les fruits.

✓ Présentez la paella dans un plat, disposez les moules sur le dessus et parsemez de persil et de thym. Servez aussitôt.

Astuce : Servez accompagné de quartiers de citron vert.

Pierrade de poissons

Préparation : ***15 min*** - Cuisson : ***5 min***
Réfrigération : ***30 min*** - Difficulté : ***très facile*** - Budget : ***cher***

Pour 6 personnes

- 400 g de filets de saumon avec la peau
- 400 g de filets de cabillaud
- 12 crevettes roses crues
- 6 filets de rougets
- 6 grains de poivre
- 2 branches de thym
- 1 feuille de laurier
- 1 oignon
- 15 cl d'huile d'olive
- Fleur de sel

Vin :
Côtes de Provence blanc à 9 °C

✓ Concassez grossièrement le poivre. Pelez et hachez l'oignon. Effeuillez le thym. Coupez les filets de rouget en deux, les filets de saumon et de cabillaud en petits tronçons. Mettez-les dans un plat creux avec les crevettes et les filets de rouget.

✓ Arrosez les poissons et les crevettes d'huile d'olive. Ajoutez le thym, l'oignon, le laurier, le poivre et du sel. Laissez mariner au frais pendant 30 minutes.

✓ Faites chauffer la pierrade. Huilez-la légèrement avec l'huile de la marinade. Égouttez les poissons et les crevettes et mettez-les dans un grand plat.

✓ Placez le plat au centre de la table. Faites cuire les poissons et les crevettes, en les plaçant sur la pierrade très chaude, pendant 3 minutes environ et en les retournant à mi-cuisson.

✓ Accompagnez de sauces variées de type béarnaise, mayonnaise ou barbecue.

Astuce : Accompagnez la pierrade de courgettes, de poivrons, de champignons détaillés en rondelles ou en lamelles, et de riz parfumé au safran.

Poulet au citron et à l'origan

Préparation : ***30 min*** - Cuisson : ***50 min***
Difficulté : ***facile*** - Budget : ***pas cher***

Pour 4 personnes

- 1 poulet de 1,2 kg
- 3 gousses d'ail
- 2 citrons
- 1 noisette de beurre
- 1 botte d'oignons de printemps
- 12 cl de vin blanc sec
- 12 cl de bouillon de volaille
- 2 cuill. à soupe d'huile d'olive
- ½ cuill. à soupe d'origan séché
- Quelques feuilles d'origan frais pour la décoration
- Sel, poivre

Vin :

Rully rouge à 15 °C

✓ Coupez le poulet en huit morceaux.

✓ Prélevez le zeste d'un citron et émincez-le. Épluchez une gousse d'ail et pressez-la dans un saladier. Mélangez-la avec le zeste de citron, une cuillère à soupe d'huile d'olive, l'origan séché, du sel et du poivre. Badigeonnez les morceaux de poulet de ce mélange.

✓ Faites chauffer le reste d'huile d'olive et le beurre dans une cocotte. Préchauffez le four th 8 (250 °C), disposez les morceaux de poulet dans la cocotte côté peau vers le haut et placez la cocotte au four. Laissez cuire pendant 15 minutes.

✓ Coupez les oignons en morceaux de 3 cm de longueur. Coupez le citron vert restant en fines rondelles et pressez le jus du premier citron.

✓ Retournez les morceaux de poulet dans la cocotte, arrosez-les de jus de citron et ajoutez les oignons de printemps et les rondelles de citron. Arrosez de vin et de bouillon, baissez le four sur th 7 (200 °C) et laissez cuire encore 30 minutes sans couvercle, en retournant les morceaux de viande de temps en temps. Décorez avec des feuilles d'origan frais et servez aussitôt.

Astuce : Accompagnez de tagliatelles de courgettes.

Rôti de porc à l'ail

Préparation : ***15 min*** - Cuisson : ***1 h 15***
Difficulté : ***très facile*** - Budget : ***abordable***

Pour 6 personnes

- 1 rôti de porc de 1,2 kg
- 12 gousses d'ail
- 3 brins de romarin
- ¼ l de bouillon de volaille
- 3 cuill. à soupe d'huile
- Sel, poivre

Vin :
Faugères rouge à 16 °C

✓ Faites chauffer l'huile dans une cocotte. Quand elle est bien chaude, faites-y dorer le rôti sur toutes ses faces.

✓ Quand il est bien coloré, salez, poivrez et versez le bouillon. Baissez le feu, couvrez aux deux tiers et faites cuire 45 minutes.

✓ Pendant ce temps, piquez les gousses d'ail sur les brins de romarin.

✓ Quand le temps de cuisson du rôti est écoulé, ajoutez les « brochettes » d'ail dans la cocotte et poursuivez la cuisson 20 minutes.

✓ Retirez le rôti de la cocotte, coupez-le en tranches et disposez-les dans un plat. Décorez avec les brochettes d'ail et arrosez du jus de cuisson. Servez aussitôt.

Astuce : Accompagnez de pommes de terre grenailles sautées.

Spare ribs

Préparation : ***15 min*** - Cuisson : ***35 min***
Réfrigération : ***12 h*** - Difficulté : ***très facile*** - Budget : ***abordable***

Pour 6 personnes

- 2 kg de travers de porc
- 1 oignon
- 3 cuill. à soupe de ketchup
- 3 cuill. à soupe de Worcestershire sauce
- 3 cuill. à soupe de d'huile
- 2 cuill. à soupe de miel liquide
- 1 cuill. à soupe de sauce soja
- Sel, poivre

Vin :
St-Chinian rouge à 15 °C

✓ Coupez les travers de porc en morceaux. Plongez-les 15 minutes dans de l'eau bouillante. Égouttez-les et laissez-les refroidir.

✓ Pendant ce temps, pelez et hachez l'oignon. Mélangez le ketchup, la Worcestershire sauce, l'huile, le miel, la sauce soja et l'oignon haché. Salez et poivrez.

✓ Mettez les travers de porc dans un plat creux, arrosez-les de la marinade, mélangez bien pour enrober la viande et placez au frais jusqu'au lendemain.

✓ Le jour même, préchauffez le four en position gril ou préparez un barbecue. Disposez les ribs sur une grille. Enfournez en plaçant la lèchefrite couverte de papier d'aluminium en dessous ou placez la grille sur le barbecue. Faites cuire 15 à 20 minutes, en badigeonnant les ribs de marinade tout au long de la cuisson et en les retournant régulièrement.

✓ Servez dès la fin de la cuisson.

Astuce : Mélangez régulièrement les morceaux de viande afin qu'ils s'imprègnent bien de la marinade et arrosez bien de marinade lors de la cuisson afin que la viande ne se dessèche pas.

Tagliatelles aux légumes grillés et au chèvre

Préparation : ***15 min*** - Cuisson : ***20 min***
Difficulté : ***très facile*** - Budget : ***pas cher***

Pour 6 personnes

- 500 g de tagliatelles vertes
- 4 gousses d'ail
- 3 petits fromages de chèvre frais
- 2 échalotes
- 1 courgette
- 1 aubergine
- ½ poivron jaune
- ½ poivron rouge
- 3 branches de basilic pour la décoration
- 4 cuill. à soupe d'huile d'olive
- Sel, poivre

Vin :
Mâcon rouge à 13 °C

✓ Lavez les légumes. Coupez les poivrons en lamelles, la courgette en rondelles et l'aubergine en deux, puis en demi-rondelles. Épluchez et coupez les échalotes en deux. Épluchez les gousses d'ail et ciselez le basilic.

✓ Préchauffez le four en position gril. Mettez tous les légumes dans un plat à four avec les échalotes, l'ail et le basilic. Salez, poivrez, arrosez de trois cuillères à soupe d'huile d'olive et enfournez, en laissant la porte du four légèrement ouverte. Faites griller pendant 15 minutes, en remuant régulièrement.

✓ Coupez les fromages de chèvre en petits morceaux. Faites cuire les tagliatelles selon les indications du paquet. Égouttez-les et mettez-les dans un plat préalablement chauffé. Ajoutez les légumes grillés avec l'huile de cuisson, ainsi que les morceaux de chèvre frais. Mélangez bien, décorez de quelques feuilles de basilic et servez immédiatement.

Astuce : Ce plat complet, délicieux tout seul, accompagne aussi très bien les viandes grillées.

Abricots aux amandes

Préparation : ***15 min*** - Cuisson : ***25 min***
Difficulté : ***très facile*** - Budget : ***pas cher***

Pour 6 personnes

- 12 abricots
- 3 tiges d'estragon
- 500 g de sucre en poudre
- 150 g d'amandes effilées
- ½ l d'eau
- 1 cuill. à café d'extrait d'amande
- 1 cuill. à soupe de zeste d'orange

Vin :
Pacherenc du Vic
Bilh moelleux à 7 °C

✓ Ouvrez les abricots en deux et retirez les noyaux.

✓ Versez le sucre dans une casserole. Ajoutez l'eau, l'extrait d'amande et le zeste d'orange. Remuez pour dissoudre le sucre. Portez à ébullition et laissez cuire à petits bouillons pendant 5 minutes. Ajoutez les oreillons d'abricots, mélangez et faites cuire 15 minutes.

✓ 5 minutes avant la fin de la cuisson, ajoutez les amandes effilées. Répartissez les abricots aux amandes dans des coupelles, arrosez-les d'un peu de sirop de cuisson, décorez de pluches d'estragon et servez tièdes ou froids.

Cake au thé vert

Préparation : ***20 min*** - Cuisson : ***55 min***
Difficulté : ***très facile*** - Budget : ***pas cher***

Pour 6 personnes

- 200 g de farine
- 150 g de beurre
- 130 g de sucre en poudre
- 3 œufs
- 1 pincée de sel
- ½ sachet de levure
- 1 cuill. à soupe de thé vert en poudre
- 1 noisette de beurre pour le moule

Vin :
Crémant de Bordeaux blanc à 7 °C

✓ Préchauffez le four th 5/6 (160 °C). Faites fondre le beurre.

✓ Séparez les blancs des jaunes d'œufs. Fouettez les jaunes et le sucre en poudre jusqu'à ce que le mélange blanchisse. Ajoutez le beurre fondu et tiédi, la farine, la levure et le thé. Mélangez bien.

✓ Ajoutez le sel aux blancs, montez-les en neige très ferme et incorporez-les délicatement à la préparation.

✓ Beurrez un moule à cake et versez-y la pâte. Enfournez et faites cuire pendant 50 minutes.

✓ Démoulez sur une grille et laissez refroidir. Coupez en tranches et servez avec de la marmelade d'orange.

Astuce : Variez les plaisirs avec un cake aux abricots et aux fleurs de lavande. Ajoutez à la pâte trois abricots coupés en petits morceaux et une cuillère à café de fleurs de lavande.

Clafoutis aux cerises

Préparation : ***15 min*** - Cuisson : ***40 min***
Difficulté : ***très facile*** - Budget : ***pas cher***

Pour 6 personnes

- 4 œufs
- 450 g de cerises
- 180 g de sucre semoule
- 100 g de farine
- 20 g de sucre vanillé
- 40 cl de lait
- 1 noisette de beurre pour le moule

Vin :

Montlouis sur Loire mousseux à 9 °C

✓ Beurrez un moule à tarte. Préchauffez le four th 6/7 (200 °C).

✓ Versez la farine dans un saladier. Ajoutez les œufs entiers, le sucre semoule et le sucre vanillé. Fouettez bien en ajoutant le lait petit à petit, jusqu'à obtention d'une pâte lisse.

✓ Lavez, séchez et équeutez les cerises. Mettez-les dans le moule. Versez la pâte par-dessus, enfournez et faites cuire 40 minutes. Sortez le clafoutis du four et laissez refroidir avant de servir directement dans le moule.

Astuce : N'enlevez pas les noyaux des cerises, ils parfumeront le clafoutis d'un délicieux goût d'amande et les cerises ne rendront pas de jus. Si vous n'avez pas de cerises, vous pouvez réaliser ce plat d'été avec du raisin ou avec des oreillons d'abricots parsemés de fleurs de lavande.

Crèmes renversées à la rose

Préparation : ***35 min*** - Cuisson : ***45 min***
Difficulté : ***facile*** - Budget : ***pas cher***

Pour 6 personnes

- 3 œufs
- 3 gouttes de colorant alimentaire rouge
- 6 pétales de roses
- ½ l de lait
- 5 cl d'eau de rose
- 75 g de sucre en poudre
- 1 noix de beurre pour les ramequins
- Sucre cristal
- Sirop de sucre

Vin :
Saumur rosé mousseux à 11 °C

✓ Beurrez six ramequins. Poudrez-les de sucre cristal. Portez à ébullition le lait et l'eau de rose. Ajoutez le sucre en poudre et mélangez. Ajoutez le colorant hors du feu.

✓ Fouettez les œufs vigoureusement. Versez le lait chaud sur les œufs en filet, en fouettant sans arrêt.

✓ Préchauffez le four th 5/6 (160 °C). Versez la crème dans les ramequins. Posez une grille dans le fond d'un plat à four creux. Placez les ramequins sur la grille. Remplissez le plat d'eau chaude aux deux tiers de la hauteur des ramequins. Enfournez et faites cuire 40 minutes.

✓ Trempez les pétales de roses dans le sirop de sucre, puis poudrez-les de sucre cristal. Laissez sécher.

✓ Sortez les crèmes du four et du bain-marie. Laissez-les refroidir complètement. Servez les crèmes, renversées ou non, décorées de pétales de roses cristallisés.

Astuce : Coupez légèrement la base des pétales de roses car elle donne de l'amertume aux fleurs. Vous pouvez aussi tester cette recette avec des fleurs de lavande ou de violette.

Esquimaux à la fraise

Préparation : ***10 min*** - Cuisson : ***5 min***
Réfrigération : ***2 h*** - Difficulté : ***très facile*** - Budget : ***pas cher***

Pour 6 personnes

- 800 g de fraises
- 200 g de sucre en poudre
- Le jus d'un citron

Vin :
Jurançon moelleux à 7 °C

✓ Lavez et séchez les fraises. Retirez les queues et coupez les fruits en morceaux. Passez-les au mixeur avec le jus de citron pour les réduire en purée.

✓ Mettez le sucre dans une casserole avec 12,5 cl d'eau. Portez à ébullition et laissez bouillir 2 minutes. Laissez refroidir.

✓ Mélangez le sirop et la purée de fraises et répartissez la préparation dans six moules à esquimaux. Mettez au congélateur pendant 15 minutes avant de planter les bâtonnets au centre de chaque esquimau.

✓ Maintenez au congélateur au moins 2 heures jusqu'à ce que le sorbet ait pris. Retirez les moules sous un filet d'eau tiède et dégustez immédiatement.

Astuce : Pour des esquimaux plus crémeux, vous pouvez ajouter au mélange du fromage blanc de type Fjord ou de la crème fraîche montée en chantilly.

Granité à la pêche, à la framboise et au citron

Préparation : ***15 min*** - Cuisson : ***15 min***
Réfrigération : ***2 h*** - Difficulté : ***facile*** - Budget : ***pas cher***

Pour 6 personnes

- 1 kg de pêches blanches
- 300 g de framboises
- 170 g de sucre en poudre
- 3 citrons verts
- 2 cuill. à soupe de jus de citron jaune

Vin :
Vouvray mousseux à 9 °C

✓ Pelez les pêches et détaillez-les en quartiers. Réservez une douzaine de quartiers au frais sous film alimentaire. Coupez les autres en morceaux.

✓ Versez 150 g de sucre dans une casserole. Ajoutez ¼ l d'eau et portez à ébullition. Ajoutez les morceaux de pêches, mélangez et laissez cuire 10 minutes. Retirez du feu et laissez tiédir.

✓ Prélevez le zeste des citrons verts et pressez leur jus. Mettez les morceaux de pêches et leur sirop de cuisson dans le bol d'un mixeur. Ajoutez le jus de citron vert et mixez jusqu'à obtention d'une purée. Versez-la dans un plat et placez au congélateur. Laissez prendre pendant 2 heures, en mélangeant à la fourchette toutes les 20 minutes.

✓ Écrasez les framboises à la fourchette, ajoutez le sucre restant et le jus de citron jaune. Mélangez. Versez les framboises dans le fond de six verres. Ajoutez les quartiers de pêches et le zeste de citron vert. Répartissez le granité par-dessus et servez aussitôt.

Astuce : Pour peler facilement les pêches, ébouillantez-les 30 secondes.

Mini quatre-quarts aux fruits rouges

Préparation : ***15 min*** - Cuisson : ***15 min***
Difficulté : ***très facile*** - Budget : ***pas cher***

Pour 6 personnes

- 2 œufs
- 100 g de beurre
- 100 g de sucre en poudre
- 60 g de farine
- 50 g de myrtilles
- 50 g de framboises
- 50 g de groseilles
- 50 g de cassis
- 1 cuill. à café de vanille en poudre
- ½ cuill. à café de levure chimique

Vin :
Monbazillac à 7 °C

✓ Préchauffez le four th 6 (180 °C). Coupez le beurre en morceaux dans une casserole et faites-le fondre à feu doux. Retirez du feu et laissez tiédir.

✓ Fouettez les œufs entiers et le sucre jusqu'à ce que le mélange blanchisse. Incorporez la farine, la levure, la vanille et le beurre, en fouettant sans arrêt, jusqu'à obtention d'une pâte lisse.

✓ Posez des petites caissettes en papier sur la plaque du four. Remplissez-les de pâte aux deux tiers. Ajoutez deux fruits dans chaque caissette en les enfonçant légèrement.

✓ Enfournez. Baissez le four th 5/6 (160 °C) et faites cuire 10 minutes. Sortez du four et laissez refroidir sur une grille avant de servir.

Astuce : Vous pouvez remplacer les fruits rouges par des morceaux de pêches et d'abricots ou par des copeaux de chocolat.

Pain perdu aux abricots

Préparation : ***30 min*** - Cuisson : ***35 min***
Difficulté : ***facile*** - Budget : ***pas cher***

Pour 6 personnes

- 12 tranches de pain brioché
- 8 abricots
- 4 œufs
- 1 sachet de sucre vanillé
- ¼ l de lait
- 250 g de sucre en poudre
- 120 g d'amandes effilées
- 100 g de beurre
- 1 cuill. à café d'extrait d'amande

Vin :

Blanquette de Limoux à 7 °C

✓ Grillez les amandes dans une poêle chauffée à blanc. Ouvrez les abricots en deux, retirez les noyaux et coupez les oreillons en lamelles.

✓ Portez à ébullition 150 g de sucre avec ¼ l d'eau et l'extrait d'amande. Ajoutez les abricots et laissez cuire 15 minutes. Retirez du feu et réservez.

✓ Portez à ébullition le lait avec le reste de sucre et le sucre vanillé. Battez les œufs en omelette dans une assiette. Versez le lait chaud dans une autre assiette.

✓ Faites fondre un peu de beurre dans une poêle. Trempez deux tranches de pain dans le lait, puis dans l'œuf battu. Posez-les dans la poêle et faites-les dorer des deux côtés. Posez-les dans une assiette et essuyez la poêle avec du papier absorbant. Recommencez l'opération en remettant un peu de beurre à chaque fois.

✓ Répartissez les tranches de pain perdu dans les assiettes. Ajoutez une cuillère à soupe de la préparation aux abricots et parsemez d'amandes. Servez.

Astuce : Variez les plaisirs avec un caramel au beurre salé. Faites un caramel avec 50 g de sucre en poudre et une cuillère à soupe d'eau. Ajoutez hors du feu 20 g de beurre salé et une cuillère à soupe de mascarpone.

Salade de fruits

Préparation : ***15 min*** - Cuisson : ***3 min***
Réfrigération : ***30 min*** - Difficulté : ***très facile*** - Budget : ***abordable***

Pour 4 personnes

- 6 kiwis
- 1 melon jaune
- 600 g de fraises
- 40 g d'amandes effilées
- 3 cuill. à soupe de sucre en poudre
- Le jus d'un citron

Vin :
Clairette de Die à 7 °C

✓ Rafraîchissez les fraises sous l'eau froide et coupez-les, selon leur taille, en deux ou en quatre.

✓ Prélevez la chair du melon jaune avec une cuillère parisienne.

✓ Épluchez les kiwis et coupez-les en rondelles.

✓ Dans un saladier, mélangez délicatement les fraises, le melon et les kiwis. Saupoudrez de sucre et arrosez du jus de citron. Couvrez le saladier et mettez-le au réfrigérateur pendant 30 minutes.

✓ Grillez les amandes dans une poêle sans matière grasse. Présentez la salade de fruits dans des coupelles, parsemez d'amandes grillées, et savourez sans attendre.

Astuce : Accompagnez la salade de fruits d'une boule de glace à la vanille ou pour un dessert plus rafraichissant, d'un sorbet au citron ou au melon.

Soupe de pêches au caramel

Préparation : ***10 min*** - Cuisson : ***5 min***
Difficulté : ***facile*** - Budget : ***pas cher***

Pour 4 personnes

- 4 pêches blanches bien mûres
- 80 g de sucre en poudre
- 40 cl de vin blanc liquoreux
- 10 cl de vin blanc pétillant
- 4 cl de liqueur de pêche
- 1 cuill. à café de jus de citron

Pour la décoration :

- Des feuilles de menthe
- Quelques groseilles

Vin :
Loupiac à 7 °C

✓ Ébouillantez les pêches, puis rafraîchissez-les sous l'eau froide. Pelez-les et coupez-les en tranches.

✓ Faites chauffer le sucre avec une cuillerée à soupe d'eau afin d'obtenir un caramel blond et délayez-le délicatement en incorporant le vin liquoreux.

✓ Déposez les pêches dans ce sirop pendant 1 à 2 minutes, à couvert. Ajoutez la liqueur de pêche, le jus de citron et laissez refroidir cette soupe quelques instants au réfrigérateur. Ajoutez ensuite le vin pétillant.

✓ Répartissez la soupe dans des assiettes, décorez de feuilles de menthe et de groseilles et servez bien frais.

Astuce : Pour que les pêches restent bien blanches, arrosez-les de jus de citron aussitôt après les avoir coupées.

Tarte aux pêches et aux nectarines

Préparation : ***20 min*** - Cuisson : ***50 min***
Difficulté : ***facile*** - Budget : ***pas cher***

Pour 6 personnes

- 1 rouleau de pâte brisée
- 3 pêches
- 3 nectarines
- 2 œufs
- 125 g de sucre en poudre
- 125 g de poudre d'amande
- 100 g de beurre
- 2 cuill. à soupe de sucre glace
- Le jus d'un citron
- 1 noix de beurre pour le moule

Vin :

St-Péray effervescent à 9 °C

✓ Préchauffez le four th 6 (180 °C). Garnissez de pâte un moule à tarte beurré. Piquez le fond avec une fourchette et réservez au frais.

✓ Coupez le beurre en morceaux et laissez-le ramollir à température ambiante. Mettez-le dans le bol d'un mixeur avec la poudre d'amande, les œufs entiers et le sucre en poudre. Faites tourner jusqu'à obtention d'un mélange lisse et homogène. Étalez la crème d'amande dans le fond de tarte et remettez au frais.

✓ Lavez les nectarines et pelez les pêches. Coupez-les en quartiers, arrosez-les du jus de citron et disposez-les en rosace sur la crème d'amande. Saupoudrez de sucre glace et enfournez. Faites cuire 50 minutes.

✓ Sortez la tarte du four et laissez-la tiédir. Démoulez-la sur une grille. Servez froid avec de la crème glacée à la vanille.

Astuce : Ébouillantez les pêches pour les peler plus facilement. Conservez la tarte dans un endroit frais, mais ne la mettez surtout pas au réfrigérateur, la pâte se ramollirait.

Tartelettes aux cerises

Préparation : ***20 min*** - Cuisson : ***20 min***
Repos : ***30 min*** - Difficulté : ***facile*** - Budget : ***abordable***

Pour 8 personnes

Pour la pâte :

- 8 feuilles de pâte « Yufka » (épicerie turque) ou de pâte filo
- 1 blanc d'œuf
- 30 g de beurre pour les moules

Pour la garniture :

- 500 g de cerises
- 50 g de biscuits aux amandes
- 40 g de sucre en poudre
- 20 cl de vin blanc sec
- 4 cl de kirsch
- 4 cl de porto
- 1 bâton de cannelle

Vin :
Côtes de Bergerac blanc à 7 °C

✓ Dénoyautez les cerises et laissez-les mariner dans le kirsch pendant 30 minutes. Faites chauffer le vin blanc, le porto, le sucre et la cannelle à feu vif jusqu'à obtenir un sirop. Versez-y les cerises avec le kirsch et faites-les pocher 2 à 3 minutes. Laissez-les refroidir dans le sirop.

✓ Préchauffez le four th 7 (200 °C). Beurrez huit petits moules. Dans les feuilles de pâte, découpez seize ronds Ø 15 cm. Badigeonnez une moitié des ronds avec le blanc d'œuf et recouvrez d'un autre rond. Abaissez les huit ronds de pâte dans les moules. Beurrez légèrement, enfournez et faites dorer 8 minutes environ.

✓ Émiettez les biscuits aux amandes. Répartissez les cerises dans les moules et décorez de biscuits émiettés.

Astuce : Si vous n'avez pas de cerises fraîches remplacez-les par des prunes ou par des mirabelles.

Automne

Croque-monsieur façon pain perdu

Préparation : ***10 min*** - Cuisson : ***15 min***
Difficulté : ***très facile*** - Budget : ***pas cher***

Pour 2 personnes

- 4 tranches de pain de mie
- 2 œufs
- 2 tranches de jambon
- 2 tranches épaisses de fromage (chester par exemple)
- 10 cl de lait
- 30 g de beurre

Vin :
Anjou rouge à 12 °C

✓ Fouettez les œufs avec le lait dans une assiette creuse.

✓ Faites fondre le beurre dans une poêle. Trempez les tranches de pain de mie dans le mélange œufs-lait, puis faites-les griller dans le beurre fondu, à feu moyen, jusqu'à ce qu'elles soient bien dorées. Préchauffez le four en position gril.

✓ Posez deux tranches de pain de mie sur un plat, garnissez-les de jambon et de fromage, puis recouvrez-les avec les deux tranches de pain restantes.

✓ Placez les croque-monsieur au four quelques minutes, en surveillant bien. Les croque-monsieur sont prêts. Coupez-les, si vous le souhaitez, en diagonale et servez aussitôt avec une salade verte.

Astuce : Essayez aussi les croque-monsieur au chèvre ou au reblochon et remplacez le jambon blanc par du jambon de Bayonne.

Crostinis de bacon au bleu

Préparation : ***5 min*** - Cuisson : ***5 min***
Difficulté : ***très facile*** - Budget : ***pas cher***

Pour 6 personnes

- 18 tranches fines de pain de campagne
- 18 tranches fines de bacon
- 2 gousses d'ail
- 2 tiges de basilic
- 100 g de bleu d'Auvergne
- Poivres mélangés

Vin :
Côtes de Bergerac blanc à 7 °C

✓ Préchauffez le four en position gril. Posez les tranches de pain sur la plaque du four et passez-les quelques secondes sous le gril, le temps qu'elles soient juste croustillantes.

✓ Sortez les tranches de pain du four, laissez-les refroidir, puis frottez-les à l'ail.

✓ Couvrez la plaque du four de papier d'aluminium. Posez dessus les tranches de bacon et une noix de bleu d'Auvergne au centre de chacune d'elles. Passez-les 2 minutes sous le gril.

✓ Disposez le bacon au bleu sur les tranches de pain frottées à l'ail.

✓ Poivrez, décorez d'une petite feuille de basilic et servez immédiatement.

Astuce : Variez les plaisirs avec des crostinis à la tomate et à la mozzarella.

Feuilletés à la tomate

Préparation : ***20 min*** - Cuisson : ***15 min***
Difficulté : ***très facile*** - Budget : ***pas cher***

Pour 6 personnes

- 400 g de pâte feuilletée
- 250 g de tomates confites
- 4 tiges de basilic
- 1 boule de mozzarella
- 2 cuill. à soupe de farine pour le plan de travail
- Huile d'olive
- Sel, poivre

Vin :
Touraine-Amboise rouge à 15 °C

✓ Préchauffez le four th 7 (210 °C). Hachez les tomates confites et le basilic. Découpez la mozzarella en petits dés.

✓ Étalez la pâte feuilletée sur un plan de travail fariné. Découpez des petits ronds de pâte à l'aide d'un emporte-pièce Ø 5 cm environ. Piquez-les avec une fourchette et posez-les sur la plaque du four recouverte de papier sulfurisé légèrement huilé.

✓ Garnissez les ronds de pâte de quelques morceaux de tomates confites. Arrosez d'une pointe d'huile d'olive, ajoutez un petit dé de mozzarella et parsemez de basilic haché. Salez et poivrez.

✓ Enfournez et faites cuire 15 minutes environ. Sortez du four et laissez tiédir avant de servir.

Astuce : Pour que la pâte feuilletée soit bien croustillante, attendez le dernier moment pour la sortir du réfrigérateur.

Flan aux légumes

Préparation : ***45 min*** - Cuisson : ***1 h 10***
Difficulté : ***facile*** - Budget : ***pas cher***

Pour 4 personnes

- 2 œufs
- 1 jaune d'œuf
- 1 petit oignon
- 500 g de légumes (carottes, choux-raves, ...)
- 100 g de crème fraîche
- 50 g de beurre
- 3 cuill. à soupe de bouillon de légumes ou de viande
- 1 pincée de noix de muscade fraîchement râpée
- 1 pincée de coriandre
- Sel, poivre blanc

Vin :
Anjou blanc sec à 9 °C

✓ Lavez et épluchez les légumes et coupez-les en dés. Faites fondre 30 g de beurre dans une casserole et faites-y revenir l'oignon jusqu'à ce qu'il devienne translucide. Ajoutez les légumes, salez et poivrez. Ajoutez la muscade et la coriandre. Mélangez bien et incorporez le bouillon. Faites mijoter à couvert et à feu doux pendant 20 minutes. Poursuivez la cuisson en enlevant le couvercle pour faire évaporer tout le liquide.

✓ Beurrez quatre petits moules avec le reste du beurre. Préchauffez le four th 6 (180 °C).

✓ Réduisez les légumes en purée. Portez la crème fraîche à ébullition et incorporez-la à la purée de légumes. Battez les œufs avec le jaune d'œuf et ajoutez au mélange précédent. Rectifiez l'assaisonnement et versez dans les moules. Tapez les moules sur la table pour qu'il ne reste aucune bulle d'air dans la pâte. Déposez les moules dans un plat allant au four et remplissez-le à mi-hauteur d'eau chaude. Faites cuire les flans au four pendant 30 minutes.

✓ Démoulez les flans à l'aide de la pointe d'un couteau, présentez sur des assiettes et servez encore chaud.

Œufs pochés à la sauce aurore

Préparation : ***20 min*** - Cuisson : ***15 min***
Difficulté : ***facile*** - Budget : ***pas cher***

Pour 6 personnes

- 12 œufs
- 1 cuill. à soupe de vinaigre
- Ciboulette

Pour la sauce :

- 65 g de beurre
- 30 g de farine
- 35 cl de fond de veau
- 15 cl de coulis de tomates
- Sel, poivre

Vin :

Côtes du Jura blanc à 11 °C

✓ Faites fondre 20 g de beurre dans une casserole. Ajoutez la farine, mélangez au fouet, puis versez le fond de veau, en fouettant toujours. Versez le coulis de tomates et laissez cuire 3 minutes, en mélangeant. Aux premiers frémissements, retirez du feu et incorporez le reste de beurre en parcelles, en fouettant. Salez, poivrez et réservez.

✓ Portez une casserole d'eau additionnée de vinaigre à ébullition. Cassez un œuf dans une tasse. Aux premiers frémissements de l'eau, versez l'œuf d'un coup dans la casserole. Lorsque le blanc coagule, ramenez-le délicatement sur le jaune avec une cuillère. Sortez l'œuf poché de la casserole et posez-le dans une assiette.

✓ Recommencez l'opération avec tous les œufs. Répartissez la sauce dans six petits plats, posez deux œufs dessus et parsemez de ciboulette. Servez.

Astuce : Faites chauffer les assiettes au four th. 3 (90 °C) avant d'y déposer les œufs pochés.

Salade paysanne

Préparation : ***15 min*** - Cuisson : ***10 min***
Difficulté : ***facile*** - Budget : ***abordable***

Pour 4 personnes

- 12 œufs de caille frais
- 5 tranches de pain blanc
- 1 sachet de salade mélangée
- 150 g de bacon
- 100 g de roquefort
- 5 cuill. à soupe d'huile d'olive
- 2 cuill. à soupe de vinaigre de cidre
- Croûtons de pain
- Sel, poivre

Vin :
Alsace-Riesling à 9 °C

✓ Lavez et essorez la salade. Coupez le bacon et faites-le griller dans une poêle sans matière grasse. Préparez des œufs durs avec les œufs de caille, rincez-les sous l'eau froide, puis écalez-les. Coupez le roquefort en petits dés.

✓ Préparez une vinaigrette avec trois cuillerées à soupe d'huile d'olive, le vinaigre de cidre, du sel et du poivre. Incorporez la vinaigrette à la salade, ajoutez le bacon, le roquefort et mélangez délicatement.

✓ Coupez le pain en morceaux et faites-le revenir dans une poêle, dans l'huile d'olive restante, jusqu'à ce que les croûtons soient bien dorés. Salez et poivrez.

✓ Présentez la salade paysanne accompagnée d'œufs de caille et de croûtons. Rectifiez l'assaisonnement selon votre goût et servez sans attendre.

Astuce : Pour écaler les œufs de caille sans les abîmer, tapez les coquilles sur le plan de travail et mettez-les dans une casserole d'eau froide pendant 15 minutes.

Samossas aux légumes

Préparation : ***25 min*** - Cuisson : ***40 min***
Difficulté : ***très facile*** - Budget : ***pas cher***

Pour 6 personnes

- 24 feuilles de brick
- 6 pommes de terre
- 6 brins de persil
- 80 g de petits pois cuits
- 70 g de beurre
- 2 cuill. à café rases de gingembre moulu
- Le jus de deux citrons verts
- Huile de friture
- Sel, poivre

Vin :
St-Chinian rouge à 15 °C

✓ Pelez les pommes de terre et faites-les cuire dans de l'eau bouillante salée pendant 25 minutes. Effeuillez et ciselez le persil. Égouttez les pommes de terre et écrasez-les en purée. Ajoutez les petits pois, le persil, le gingembre moulu et le jus de citron vert. Salez, poivrez et mélangez bien.

✓ Faites fondre le beurre et badigeonnez-en les feuilles de brick. Posez les feuilles de brick sur un plan de travail en les superposant deux par deux. Déposez une cuillère à soupe de garniture au centre et repliez les feuilles en forme de triangle.

✓ Faites chauffer l'huile dans une poêle antiadhésive et faites-y dorer les samossas environ 2 minutes de chaque côté. Égouttez-les sur du papier absorbant et servez avec une sauce piquante.

Astuce : Essayez aussi une farce à base de chèvre frais et de tomates confites. Pour une recette plus légère, vous pouvez faire dorer les samossas 20 minutes au four th 6 (180 °C).

Soupe de fèves aux légumes et à la menthe

Préparation : ***20 min*** - Cuisson : ***30 min***
Difficulté : ***facile*** - Budget : ***pas cher***

Pour 6 personnes

- 400 g de fèves
- 60 g de beurre
- 4 feuilles de sauge
- 3 pommes de terre
- 3 carottes
- 2 oignons
- 1 bouquet de menthe
- 1 gousse d'ail
- 3 cuill. à soupe d'huile d'olive
- Sel, poivre

Vin :
Cabernet d'Anjou demi-sec à 11 °C

✓ Épluchez les carottes, les pommes de terre et les oignons. Coupez-les en petits dés et lavez-les. Faites fondre le beurre dans une cocotte. Mettez les légumes coupés en dés à suer 5 minutes, en remuant. Salez, poivrez et ajoutez les feuilles de sauge. Couvrez d'eau froide et portez à ébullition. Baissez le feu et laissez cuire doucement pendant 20 minutes.

✓ Plongez les fèves 1 minute dans de l'eau bouillante. Égouttez-les et retirez la fine peau les recouvrant. Gardez-les de côté.

✓ Effeuillez et hachez finement la menthe. Pelez et hachez l'ail. Mélangez-le à la menthe. Versez l'huile d'olive sur le hachis en mélangeant. Gardez au frais.

✓ 5 minutes avant la fin de la cuisson de la soupe, ajoutez les fèves. Terminez la cuisson, puis versez la soupe dans une soupière. Ajoutez le hachis de menthe, mélangez et servez aussitôt.

Astuce : Pour que les fèves restent bien vertes, plongez-les rapidement dans un bain d'eau glacée aussitôt après leur cuisson.

Tarte au roquefort

Préparation : ***30 min*** - Cuisson : ***25 min***
Repos : ***30 min*** - Difficulté : ***facile*** - Budget : ***pas cher***

Pour 4 personnes

Pour la pâte :

- 250 g de farine
- 125 g de beurre
- 1 œuf
- 1 pincée de sel
- 1 noisette de beurre pour le moule
- 2 cuill. à soupe de farine pour le plan de travail

Pour la garniture :

- 250 g de roquefort
- 150 g de crème fraîche liquide
- 4 œufs
- 2 cuill. à soupe de calvados

Vin :
Barsac à 7 °C

✓ Formez une pâte homogène avec la farine, le beurre coupé en petits morceaux, l'œuf et la pincée de sel. Enveloppez-la dans du film alimentaire et entreposez-la au frais 30 minutes.

✓ Préchauffez le four th 7 (200 °C). Émiettez le roquefort. Réservez une moitié. Mélangez le reste avec les œufs, la crème fraîche liquide et le calvados.

✓ Étalez la pâte sur le plan de travail fariné, puis disposez-la dans un moule à manqué beurré. Piquez le fond avec une fourchette et versez-y la crème au roquefort. Parsemez du reste de roquefort, enfournez et faites cuire 25 minutes environ.

✓ Servez tiède.

Astuce : Pour une recette express, utilisez de la pâte brisée toute prête. Le roquefort se marie très bien avec les courgettes. Coupez-les en rondelles, ébouillantez-les 2 minutes, égouttez-les bien et mélangez-les à la crème et au roquefort.

Terrine de légumes au basilic

Préparation : ***45 min*** - Cuisson : ***50 min***
Réfrigération : ***3 h*** - Difficulté : ***difficile*** - Budget : ***pas cher***

Pour 6 personnes

- 4 aubergines
- 2 poivrons rouges
- 2 poivrons jaunes
- 8 gousses d'ail
- 4 feuilles de gélatine
- 1 gros bouquet de basilic
- 15 cl de bouillon de légumes
- Huile d'olive
- Sel, poivre

Vin :
Chardonnay à 9 °C

✓ Préchauffez le four en position gril. Enfournez les poivrons et faites-les griller jusqu'à ce qu'ils soient complètement noirs. Sortez-les du four et laissez-les refroidir. Pelez, épépinez et coupez les poivrons en lanières.

✓ Coupez les aubergines en tranches et mettez-les dans le panier d'un cuit-vapeur. Salez et poivrez. Ajoutez de l'eau, couvrez et faites cuire 20 minutes. Mettez les tranches d'aubergines dans un plat, arrosez-les d'huile d'olive et réservez au frais 1 heure.

Astuce : Pour peler facilement les poivrons, enfermez-les 10 minutes dans un sachet en plastique après les avoir grillés. La peau se détachera toute seule.

✓ Pelez l'ail et effeuillez le basilic. Mettez-les dans un pilon et écrasez-les en versant 5 cl d'huile d'olive en filet au fur et à mesure.

✓ Faites ramollir la gélatine dans de l'eau froide. Chemisez une terrine de film alimentaire. Égouttez les tranches d'aubergines. Recouvrez-en le fond et les parois de la terrine. Montez ensuite la terrine en alternant aubergine, pistou et poivrons.

✓ Faites chauffer le bouillon et faites fondre la gélatine dedans. Versez-la dans la terrine et placez au frais 2 heures. Servez la terrine en tranches épaisses.

Tomates farcies végétariennes

Préparation : ***40 min*** - Cuisson : ***40 min***
Difficulté : ***facile*** - Budget : ***pas cher***

Pour 4 personnes

- 4 grosses tomates
- 2 oignons
- 2 gousses d'ail
- 1 botte de basilic
- 70 g de riz cuit
- 50 g de tomates séchées (dans de l'huile)
- 50 g d'olives noires
- 4 cuill. à soupe d'huile d'olive
- 2 cuill. à soupe de petites câpres
- Sel, poivre

Vin :

Bandol rouge à 16 °C

✓ Lavez les tomates et ôtez les chapeaux. Évidez les tomates et hachez la chair. Égouttez les tomates séchées et coupez-les en morceaux. Dénoyautez les olives et hachez-les. Épluchez les oignons et l'ail, puis hachez-les finement. Ciselez la moitié du basilic.

✓ Faites chauffer une cuillère à soupe d'huile d'olive dans une poêle et faites-y revenir les oignons, l'ail et le basilic ciselé. Incorporez les tomates séchées et hachées, et laissez cuire jusqu'à ce que le liquide s'évapore. Ajoutez le riz, les olives et les câpres, salez et poivrez, puis retirez la poêle du feu.

✓ Huilez un plat et placez-y les tomates évidées les unes à côté des autres. Farcissez-les avec le mélange au riz et recouvrez-les de leurs chapeaux.

✓ Faites cuire au four th 6 (175 °C) pendant 30 minutes, puis servez décoré du reste de basilic.

Velouté au potiron

Préparation : ***30 min*** - Cuisson : ***30 min***
Difficulté : ***facile*** - Budget : ***pas cher***

Pour 4 personnes

Pour les bâtonnets de potiron frits :

- 150 g de chair de potiron
- 30 cl d'huile végétale
- Sel

Pour la soupe :

- 600 g de potiron
- 25 g de beurre
- ¾ l de bouillon de légumes
- 1 petite pomme Boskoop
- 1 oignon
- 1 petit verre de sherry (vin de Xérès - facultatif)
- 4 cuill. à soupe de crème fraîche
- ½ cuill. à café de curry en poudre
- ½ cuill. à café de gingembre en poudre
- Sel, poivre noir

Vin :

St-Véran à 12 °C

✓ Préparez les bâtonnets de potiron frits : coupez la chair de potiron en bâtonnets et faites chauffer l'huile dans une casserole. Faites-y frire les bâtonnets jusqu'à ce qu'ils deviennent croustillants. Épongez-les dans du papier absorbant et salez-les.

✓ Préparez la soupe : épluchez le potiron, épépinez-le et coupez-le en dés. Épluchez la pomme et l'oignon, et coupez-les en petits dés. Faites fondre le beurre dans une casserole et faites-y revenir rapidement la pomme et l'oignon. Ajoutez les dés de potiron et faites-les revenir. Incorporez le bouillon et laissez mijoter à couvert et à feu doux pendant 20 minutes.

✓ Ajoutez le curry, le gingembre, deux cuillerées à soupe de crème fraîche et le sherry. Mixez la soupe avec un mixer électrique afin d'obtenir un velouté, puis salez et poivrez.

✓ Servez le velouté au potiron dans quatre bols, accompagné du reste de crème fraîche et des bâtonnets de potiron frits. Dégustez bien chaud.

Astuce : Une pomme de terre ajoutée au velouté au potiron à la place de la pomme lui donnera de l'onctuosité. Une tomate avec la peau lui donnera une saveur un peu sucrée.

Agneau aux fruits secs

Préparation : ***20 min*** - Cuisson : ***2 h 15***
Difficulté : ***facile*** - Budget : ***abordable***

Pour 2 personnes

- 300 g d'agneau
- 50 g de dattes séchées dénoyautées
- 50 de figues sèches
- 30 g de pois chiches en conserve
- 25 cl de jus d'orange
- 5 gousses d'ail finement haché
- 2 piments rouges finement hachés
- 1 oignon finement haché
- 1 demi-racine de gingembre finement râpée
- 2 cuill. à soupe d'huile
- 1 cuill. à café de cumin moulu
- ¼ de cuill. à café de cannelle
- ¼ de cuill. à café de curcuma
- Sel, poivre

Vin :

Bergerac rouge à 16 °C

✓ Salez et poivrez la viande. Faites chauffer l'huile dans une cocotte allant au four et faites-y revenir la viande à feu vif. Baissez le feu, puis ajoutez l'oignon, les gousses d'ail et les épices.

✓ Faites revenir le tout quelques minutes avant d'ajouter les fruits secs, les piments, le jus d'orange, les pois chiches, le gingembre et ¾ l d'eau. Laissez mijoter à couvert pendant 10 minutes.

✓ Faites cuire au four th 6 (180 °C) pendant 2 heures environ, jusqu'à ce que la viande soit bien tendre.

✓ Vérifiez au bout d'une heure s'il reste assez de liquide. Le cas échéant, ajoutez un peu d'eau.

✓ Servez dans un bol accompagné de semoule de couscous.

Bœuf au curry et au lait de coco

Préparation : ***20 min*** - Cuisson : ***10 min***
Difficulté : ***très facile*** - Budget : ***abordable***

Pour 2 personnes

- 350 g de filet de bœuf
- 20 feuilles de basilic
- 1 boîte de lait de coco (400 g) non sucré
- ½ piment vert
- ½ boîte de pousses de bambous
- 2 cuill. à café de curcuma
- 2 cuill. à soupe de sucre de palme
- 2 cuill. à soupe de Nuoc-mâm
- 1 cuill. à café de pâte de curry
- Sel, poivre

Vin :
Minervois rouge à 15 °C

✓ Coupez la viande en tranches fines. Fendez le piment, épépinez-le, lavez-le et hachez-le finement.

✓ Mélangez la pâte de curry avec le curcuma et le lait de coco. Égouttez les pousses de bambous et coupez-les en petits bâtonnets.

✓ Dans une cocotte, laissez mijoter la viande avec les deux tiers des feuilles de basilic, le sucre de palme et le lait de coco aux épices pendant 8 minutes. Incorporez ensuite le reste des ingrédients et assaisonnez avec le Nuoc-mâm, du sel et du poivre.

✓ Servez décoré des feuilles de basilic restantes.

Astuce : Vous pouvez remplacer le bœuf par des filets de poulet et le Nuoc-mâm par deux cuillères à soupe de cognac.

Cassolette d'aubergines à la sauce tomate

Préparation : ***20 min*** - Cuisson : ***45 min***
Repos : ***30 min*** - Difficulté : ***facile*** - Budget : ***pas cher***

Pour 4 personnes

- 500 g d'aubergines
- 5 gousses d'ail
- 1 boîte de tomates concassées (400 g)
- 10 cl de bouillon de légumes
- 2 cuill. à soupe d'huile d'olive
- ¼ de cuill. à café de cannelle en poudre
- ¼ de cuill. à café de piment en poudre
- Sel, poivre

Vin :
Bourgogne rouge à 14 °C

✓ Coupez les aubergines en rondelles de 1 cm environ. Salez-les et faites-les dégorger dans une passoire pendant 30 minutes. Épluchez les gousses d'ail et coupez-les en rondelles.

✓ Essuyez les aubergines dans du papier absorbant. Faites chauffer une cuillerée à soupe d'huile dans une grande poêle et faites-y revenir les rondelles d'aubergines à feu moyen, jusqu'à ce qu'elles soient dorées. Épongez-les sur du papier absorbant.

✓ Préchauffez le four th 7 (210 °C). Faites revenir l'ail dans une cuillerée à soupe d'huile. Ajoutez le bouillon de légumes et les tomates avec leur jus. Salez, poivrez, puis assaisonnez avec la cannelle et le piment. Laissez mijoter 15 minutes et rectifiez l'assaisonnement selon votre goût.

✓ Disposez les aubergines et la sauce tomate dans un plat à gratin, en les alternant, et faites cuire au four pendant 15 minutes. Servez aussitôt.

Astuce : Pour peler facilement les gousses d'ail, placez-les dans un bol avec un peu d'eau et faites-les chauffer 40 secondes au micro-ondes.

Émincé de lapin aux tomates confites

Préparation : ***20 min*** - Cuisson : ***2 h***
Repos : ***30 min*** - Difficulté : ***difficile*** - Budget : ***cher***

Pour 6 personnes

- 1 lapin coupé en morceaux
- 2 gousses d'ail
- 1 oignon
- 1 échalote
- 350 g de tomates confites
- 50 cl de vin blanc sec
- 50 cl de coulis de tomates
- 1 cuill. à café de poivres mélangés concassés
- Quelques lamelles de truffe
- Sel

Vin :
Pessac-Léognan blanc à 10 °C

✓ Pelez et hachez finement l'ail, l'oignon et l'échalote. Mélangez-les. Mettez les morceaux de lapin dans un plat creux, parsemez-les du mélange haché et des poivres mélangés. Salez, arrosez de vin blanc et laissez mariner 30 minutes.

✓ Émincez les tomates confites. Versez les morceaux de lapin et la marinade dans une cocotte. Faites cuire 2 heures à couvert et à petit feu.

✓ Sortez les morceaux de lapin de la cocotte et désossez-les entièrement. Détaillez la chair en lamelles. Mélangez les lamelles de lapin et de tomates confites. Remplissez six ramequins en tassant bien. Placez au frais.

✓ Faites chauffer doucement le coulis de tomates. Répartissez le coulis chaud dans six assiettes. Démoulez les ramequins de lapin et de tomates, ajoutez quelques lamelles de truffe et servez aussitôt.

Astuce : N'hésitez pas à remplacer les lamelles de truffe par de l'huile de truffe qui est presque aussi parfumée et bien plus accessible ! Utilisez aussi l'huile de truffe pour donner des saveurs italiennes à vos plats de pâtes ou à vos salades.

Filets de turbot aux crevettes

Préparation : ***30 min*** - Cuisson : ***45 min***
Difficulté : ***facile*** - Budget : ***cher***

Pour 4 personnes

- 4 filets de turbot d'environ 180 g chacun
- 20 grosses crevettes
- 3 tomates pelées, épépinées et coupées en dés
- 3 gousses d'ail
- 2 carottes
- 2 branches de céleri
- 2 oignons
- 500 g d'asperges vertes
- 100 g de girolles nettoyées
- 50 g de feuilles d'estragon hachées
- 50 g de feuilles de thym
- 30 g de beurre
- 12,5 cl de vin blanc sec
- 6 cuill. à soupe d'huile d'olive
- Sel, poivre

Vin :

Côtes de Provence blanc à 9 °C

✓ Coupez les carottes et les branches de céleri en petits morceaux. Déposez-les dans un panier vapeur et arrosez-les avec trois cuillères à soupe d'huile d'olive. Ajoutez les herbes, l'ail pressé et une cuillerée à soupe d'estragon. Faites cuire environ 10 minutes à la vapeur. Réservez les légumes au chaud, filtrez le jus de cuisson dans un tamis, puis faites le réduire pour obtenir 15 cl de sauce.

✓ Faites revenir les girolles dans une cuillère à soupe d'huile d'olive. Salez et poivrez.

✓ Ajoutez les tomates, le thym et le reste de l'estragon à la sauce, puis le vin blanc et faites chauffer doucement. Salez, poivrez et liez avec le beurre. Maintenez la sauce au chaud. Épluchez la partie blanche des asperges, coupez les extrémités et détaillez-les en morceaux. Faites-les cuire 12 minutes dans de l'eau bouillante salée.

✓ Faites revenir les filets de poisson dans l'huile d'olive restante pendant 2 minutes, à feu vif. Ajoutez les crevettes et continuez de faire revenir pendant 2 minutes.

✓ Présentez les asperges et les légumes dans des assiettes. Répartissez les filets de poisson et les crevettes sur les légumes, arrosez-les de sauce et servez aussitôt.

Gratin d'aubergines au jambon de Parme

Préparation : *20 min* - Cuisson : *30 min*
Difficulté : *facile* - Budget : *pas cher*

Pour 6 personnes

- 12 tranches fines de jambon de Parme
- 6 aubergines
- 2 gros oignons
- 1 boule de mozzarella
- Huile d'olive
- Sel, poivre

Vin :
Gigondas à 15 °C

✓ Lavez les aubergines. Après avoir coupé les pédoncules, taillez-les en lamelles.

✓ Faites chauffer deux cuillères à soupe d'huile dans une grande poêle. Faites-y revenir quelques tranches d'aubergines des deux côtés. Égouttez-les sur du papier absorbant. Recommencez l'opération avec toutes les tranches d'aubergines, en remettant un peu d'huile si nécessaire.

✓ Coupez la boule de mozzarella en tranches. Pelez et émincez les oignons. Faites-les blondir dans une cuillère à soupe d'huile.

✓ Préchauffez le four th 6 (180 °C). Posez une couche d'aubergines dans le fond d'un plat à four rectangulaire. Salez et poivrez. Parsemez d'oignons et couvrez de tranches de jambon de Parme. Montez ainsi le gratin jusqu'en haut du plat. Recouvrez le tout de mozzarella. Salez et poivrez. Enfournez et faites cuire 20 minutes. Servez chaud, tiède ou froid.

Astuce : Citronnez la pulpe des aubergines car elle noircit très vite.

Gratin de raviolis et de tomates

Préparation : ***20 min*** - Cuisson : ***35 min***
Difficulté : ***facile*** - Budget : ***pas cher***

Pour 4 personnes

- 4 tomates
- 2 échalotes
- 1 gousse d'ail
- 500 g de tomates en morceaux (en conserve)
- 500 g de raviolis frais farcis au fromage
- 250 g de mozzarella
- 100 g de pesto
- 2 cuill. à soupe d'huile d'olive
- Quelques feuilles de basilic pour la décoration
- Sel, poivre

Vin :
Bandol rosé à 9 °C

✓ Préchauffez le four th 7 (220 °C). Pelez et hachez finement les échalotes et la gousse d'ail, et faites-les revenir dans l'huile d'olive jusqu'à ce qu'elles soient translucides. Ajoutez les tomates en morceaux et faites cuire le tout au four pendant 15 minutes environ. Salez et poivrez.

✓ Préparez les raviolis selon les indications du paquet. Égouttez-les et assaisonnez-les.

✓ Lavez et coupez les tomates en rondelles. Égouttez la mozzarella et coupez-la en tranches.

✓ Enduisez de pesto le fond de quatre plats Ø 15 cm. Disposez les raviolis et les rondelles de tomates par-dessus, puis recouvrez de sauce tomates-échalotes-ail et de mozzarella.

✓ Enfournez et faites gratiner de 10 à 12 minutes. Décorez les gratins de feuilles de basilic et servez immédiatement.

Astuce : Préparez vous-même un pesto : mixez ensemble 1/2 bouquet de basilic, 50 g de parmesan râpé, une cuillère à soupe de pignons, une gousse d'ail et 5 cl d'huile d'olive. C'est très facile à réaliser et tellement meilleur !

Lasagnes de légumes

Préparation : ***20 min*** - Cuisson : ***40 min***
Difficulté : ***facile*** - Budget : ***pas cher***

Pour 6 personnes

- 500 g de lasagnes
- 150 g de gruyère râpé
- 4 courgettes
- 3 tiges de basilic
- 2 aubergines
- 1 poivron vert
- 1 grosse boîte de tomates pelées
- Huile d'olive
- Sel, poivre

Vin :
Anjou rouge à 12 °C

✓ Lavez les légumes. Coupez les aubergines et les courgettes en petits dés, le poivron en fines lamelles. Ciselez le basilic.

✓ Faites chauffer six cuillères à soupe d'huile dans une cocotte. Faites-y revenir le poivron et les aubergines 3 minutes à feu vif. Ajoutez les courgettes, les tomates pelées avec leur jus et le basilic. Salez, poivrez, mélangez bien, couvrez et faites cuire 15 minutes à feu vif, en mélangeant de temps en temps.

✓ Plongez les lasagnes 8 minutes dans de l'eau bouillante salée. Égouttez-les et séchez-les dans un linge.

✓ Préchauffez le four en position gril. Huilez le fond d'un plat à four rectangulaire. Mettez une couche de lasagnes dans le fond et recouvrez-la d'une couche de légumes. Procédez ainsi jusqu'en haut du plat et terminez par une couche de légumes. Recouvrez le tout de gruyère râpé et enfournez. Faites gratiner 15 minutes et servez dès la sortie du four.

Astuce : Pour un plat plus copieux, recouvrez la couche de lasagnes d'une couche de béchamel, puis de légumes. C'est un délice !

Melonnettes de veau à la sauce citron

Préparation : ***20 min*** - Cuisson : ***40 min***
Difficulté : ***très facile*** - Budget : ***abordable***

Pour 6 personnes

- 6 escalopes de veau
- 4 citrons confits
- 2 citrons
- 1 oignon
- 200 g de riz
- 35 g de beurre
- 30 cl de vin blanc sec
- 3 cuill. à soupe d'huile d'olive
- Sel, poivre

Vin :
Graves blanc à 9 °C

✓ Faites cuire le riz selon les indications du paquet. Égouttez-le et réservez-le. Râpez le zeste d'un citron et pressez le jus. Pelez et émincez l'oignon.

✓ Faites chauffer le beurre dans une poêle. Faites-y dorer l'oignon émincé. Ajoutez le zeste de citron et le riz. Salez et poivrez. Préchauffez le four th 6 (180 °C).

✓ Coupez le citron restant en six rondelles. Aplatissez les escalopes. Déposez au centre de chacune d'elle deux cuillères à soupe de riz. Refermez les bords de l'escalope, posez une rondelle de citron par-dessus et ficelez de manière à former une melonnette.

✓ Placez les melonnettes dans un plat allant au four, ajoutez les citrons confits, puis arrosez de vin blanc, du jus de citron et d'huile d'olive. Salez et poivrez. Enfournez et faites cuire 25 minutes, en arrosant régulièrement les melonnettes.

✓ Servez accompagné du riz dès la sortie du four.

Astuce : Faites cuire le riz avec un cube de bouillon de légumes afin de le parfumer façon risotto.

Petit salé aux lentilles

Préparation : ***20 min*** - Cuisson : ***2 h 50***
Repos : ***4 h*** - Difficulté : ***facile*** - Budget : ***pas cher***

Pour 6 personnes

- 1 kg de petit salé
- 600 g de poitrine demi-sel
- 600 g de lentilles du Puy
- 8 clous de girofle
- 2 os à moelle
- 2 carottes
- 2 branches de céleri
- 2 gros oignons
- 1 bouquet garni
- Sel, poivre

Vin :
Mâcon rouge à 13 °C

✓ Dessalez la poitrine et le petit salé pendant 3 heures dans un récipient rempli d'eau froide. Changez l'eau plusieurs fois. Faites tremper les lentilles pendant 4 heures.

✓ Déposez les viandes et les os à moelle dans une grande cocotte. Poivrez, couvrez d'eau froide et laissez cuire pendant 2 heures à feu doux. Réservez la viande.

✓ Épluchez les carottes et le céleri et coupez-les en gros morceaux. Épluchez les oignons, coupez-les en deux et piquez-les avec les clous de girofle. Égouttez les lentilles, puis rincez-les.

✓ Mettez les carottes, les oignons, le céleri, le bouquet garni et les lentilles dans l'eau de cuisson de la viande. Salez légèrement et faites cuire à feu doux pendant 30 minutes.

✓ Ajoutez la viande et continuez de faire mijoter 20 minutes à feu doux. Servez le petit salé aux lentilles sans attendre.

Astuce : Ce plat est encore meilleur s'il est préparé la veille. Réchauffez à feu très doux et servez accompagné de moutardes au parfums variés (poivres, cumin, curry, ...)

Poêlée épicée de fruits de mer

Préparation : ***20 min*** - Cuisson : ***15 min***
Difficulté : ***facile*** - Budget : ***abordable***

Pour 4 personnes

- 300 g de seiches
- 300 g de crevettes décortiquées
- 100 g de pousses de soja
- 2 gousses d'ail
- 1 poivron rouge
- 1 poireau
- 1 piment rouge
- 2 cuill. à soupe de ciboulette ciselée
- 2 cuill. à soupe d'huile de tournesol
- 2 cuill. à soupe de sauce d'huître
- 2 cuill. à soupe de Nuoc-mâm
- 1 cuill. à soupe de feuilles de menthe ciselées
- 1 cuill. à café de pâte d'anchois
- Sel, poivre

Vin :
Corbières blanc à 13 °C

✓ Coupez le poivron en deux, épépinez-le, puis détaillez-le en lanières. Épluchez le poireau et coupez-le en rondelles. Rincez les pousses de soja sous l'eau froide et égouttez-les. Émincez finement l'ail. Épépinez le piment et coupez-le en rondelles.

✓ Coupez les seiches en petits morceaux. Faites chauffer un wok ou une sauteuse, versez-y l'huile de tournesol et faites revenir l'ail et le piment. Ajoutez les seiches et les crevettes et faites-les sauter pendant 2 minutes, en remuant constamment. Incorporez la sauce d'huître, le Nuoc-mâm et la pâte d'anchois, et laissez mijoter à couvert pendant 1 minute.

✓ Ajoutez le poivron, le poireau, les pousses de soja et la menthe, et faites revenir, en remuant, pendant 4 minutes. Les légumes doivent rester croquants. Salez et poivrez.

✓ Parsemez de ciboulette et servez aussitôt.

Astuce : Vous trouverez la sauce d'huître dans une épicerie asiatique. Vous pouvez la remplacer par de la sauce soja si vous n'en trouvez pas.

Poivrons farcis au risotto de champignons

Préparation : ***20 min*** - Cuisson : ***1 h***
Difficulté : ***facile*** - Budget : ***abordable***

Pour 4 personnes

- 250 g de riz à risotto
- 150 g de champignons de Paris
- 20 g de cèpes séchés
- 60 cl de bouillon de légumes
- 10 cl de vin blanc sec
- 4 poivrons rouges
- 2 gousses d'ail
- 1 boule de mozzarelle
- 2 cuill. à soupe de persil haché
- Huile d'olive
- Sel, poivre

Vin :
St-Joseph blanc à 13 °C

✓ Lavez les champignons de Paris et coupez-les en quatre. Émincez finement les gousses d'ail. Faites ramollir les cèpes dans de l'eau chaude pendant 20 minutes. Égouttez-les en réservant l'eau dans laquelle ils ont ramolli, et hachez-les finement. Coupez la mozzarelle en petits dés.

✓ Portez le bouillon de légumes à ébullition. Dans une sauteuse, faites chauffer l'huile et faites-y revenir l'ail et le riz jusqu'à ce que les grains deviennent translucides. Mouillez avec le vin et faites cuire, à feu moyen et sans cesser de remuer, jusqu'à complète absorption du liquide. Incorporez ensuite le bouillon de légumes chaud et faites-le évaporer en remuant constamment, jusqu'à ce que le riz soit cuit.

✓ Ajoutez les cèpes et incorporez progressivement l'eau dans laquelle ils ont ramolli. Faites revenir rapidement les champignons de Paris dans une poêle avec un filet d'huile et incorporez-les au riz. Salez et poivrez le risotto, puis ajoutez le persil. Laissez refroidir, puis ajoutez les dés de mozzarelle.

✓ Lavez les poivrons, coupez des chapeaux du côté des pédoncules et videz-les délicatement. Remplissez les poivrons de risotto et posez le chapeau pour refermer. Disposez les poivrons debout dans un faitout. Afin que les poivrons ne se renversent pas, calez-les si besoin avec deux ou trois grosses pommes de terre. Faites cuire, à couvert et à feu moyen pendant 20 minutes et servez chaud.

Poulet massala aux noix de cajou

Préparation : ***30 min*** - Cuisson : ***35 min***
Réfrigération : ***3 h*** - Difficulté : ***facile*** - Budget : ***abordable***

Pour 2 personnes

- 2 blancs de poulet
- 3 brins de menthe
- 1 morceau de gingembre d'env. 2 cm
- 1 gousse d'ail écrasée
- 1 bouquet de coriandre
- 2 cuill. à soupe de noix de cajou
- 2 cuill. à soupe de vinaigre
- 2 cuill. à soupe d'huile d'olive
- 1 cuill. à soupe de garam massala
- 1 cuill. à café de curcuma
- ½ cuill. à café de clous de girofle en poudre
- ½ cuill. à café de cardamome en poudre
- ½ cuill. à café de sel

Vin :
Crozes-Hermitage rouge à 15 °C

✓ Coupez le poulet en petits dés. Effeuillez la coriandre. Épluchez le gingembre et hachez-le finement. Mixez le gingembre, l'ail, la menthe, le vinaigre, une cuillère à soupe d'huile d'olive, le sel, le curcuma, les clous de girofle et la cardamome jusqu'à obtention d'un mélange homogène.

✓ Disposez le poulet dans un plat, versez le mélange par-dessus, puis incorporez le garam masala et les feuilles de coriandre. Couvrez le plat et laissez mariner au réfrigérateur 2 à 3 heures.

✓ Sortez le poulet de sa marinade. Faites chauffer l'huile d'olive restante dans une cocotte et faites-y blondir les dés de poulet et les noix de cajou 6 à 8 minutes. Ajoutez la marinade du poulet et faites cuire 3 à 5 minutes, sans cesser de remuer.

✓ Versez 20 cl d'eau dans la cocotte et faites cuire à l'étouffée pendant 15 à 20 minutes.

✓ Servez bien chaud, accompagné de riz blanc.

Astuce : Pensez à parfumer le riz avec une pincée de curry ou de massala.

Poulet Vallée d'Auge

Préparation : ***30 min*** - Cuisson : ***1 h 20***
Difficulté : ***facile*** - Budget : ***pas cher***

Pour 4 personnes

- 1 poulet (1,3 kg)
- 2 pommes
- 2 feuilles de sauge
- 1 gousse d'ail
- 1 feuille de laurier
- 1 branche de thym
- 1 branche de romarin
- 600 g de pommes de terre
- 200 g d'oignons
- 100 g de crème fraîche
- 15 g de beurre
- ¼ l de cidre
- ¼ l de bouillon de volaille
- 1 cuill. à soupe d'huile d'olive
- 1 cuill. à soupe de jus de citron
- 1 cuill. à soupe de ciboulette
- Sel, poivre

Vin :
Bordeaux Supérieur rouge à 15 °C

✓ Coupez le poulet en huit morceaux, salez et poivrez. Épluchez les oignons et la gousse d'ail et émincez-les finement. Épluchez une pomme et coupez-la en petits morceaux.

✓ Préchauffez le four th 7 (210 °C). Faites chauffer le beurre et l'huile d'olive dans une cocotte allant au four, et faites-y revenir les morceaux de poulet jusqu'à ce qu'ils soient bien dorés. Retirez le poulet de la cocotte et réservez-le. Mettez les oignons, l'ail, les morceaux de pomme dans la cocotte et faites revenir pendant 3 minutes. Incorporez le cidre, le bouillon de volaille, la sauge, le laurier, le thym, le romarin et faites revenir à nouveau. Ajoutez les morceaux de poulet et faites cuire au four à couvert pendant 25 minutes, puis à découvert pendant 8 minutes. À la fin de la cuisson, sortez la viande de la cocotte et réservez-la au chaud au four th 3 (90 °C).

✓ Filtrez le jus de cuisson dans un tamis et reversez-le dans la cocotte. Incorporez la crème fraîche, puis portez à ébullition et laissez mijoter quelques minutes. Salez et poivrez.

✓ Épluchez les pommes de terre et faites-les cuire dans de l'eau salée pendant 30 minutes. Coupez la deuxième pomme en petits bâtonnets et mélangez-la avec le jus de citron.

✓ Présentez les morceaux de poulet sur des assiettes et arrosez-les de sauce. Parsemez de bâtonnets de pomme et de ciboulette ciselée. Servez bien chaud accompagné des pommes de terre.

Beignets de poires à la lavande

Préparation : ***20 min*** - Cuisson : ***10 min***
Repos : ***1 h*** - Difficulté : ***facile*** - Budget : ***pas cher***

Pour 6 personnes

- 6 poires
- 3 œufs
- 1 pincée de sel
- 250 g de farine
- 50 g de sucre en poudre
- 1 l d'huile de friture
- 20 cl de lait
- 2 cuill. à café de fleurs de lavande
- 1 cuill. à café d'huile

Vin :
Muscat de Rivesaltes à 8 °C

✓ Versez la farine, le sel et 30 g de sucre dans un saladier, creusez une fontaine au centre. Séparez les blancs des jaunes d'œufs. Mettez les jaunes dans la fontaine de farine. Mélangez en incorporant le lait petit à petit jusqu'à obtention d'une pâte lisse. Recouvrez la pâte d'une fine couche d'huile et laissez reposer 1 heure.

✓ Épluchez les poires et coupez-les en tranches dans la hauteur. Montez les blancs en neige jusqu'à ce qu'ils soient très fermes. Incorporez-les délicatement à la pâte et ajoutez les fleurs de lavande.

✓ Faites chauffer l'huile de friture. Trempez quelques tranches de poires dans la pâte à beignets. Plongez les beignets quelques minutes dans l'huile chaude jusqu'à ce qu'ils soient dorés. Sortez-les de l'huile avec une écumoire et posez-les sur du papier absorbant.

✓ Recommencez jusqu'à épuisement des ingrédients. Saupoudrez les beignets du sucre restant et servez aussitôt.

Astuce : Pour une pâte plus légère, incorporez à la farine un demi-sachet de levure chimique.

Cake aux pommes et au chocolat

Préparation : ***25 min*** - Cuisson : ***1 h 15***
Difficulté : ***facile*** - Budget : ***pas cher***

Pour 6-8 personnes

- 500 g de pommes Boskoop
- 180 g de farine
- 180 g de sucre en panne
- 100 g de beurre doux
- 100 g de chocolat noir
- 3 œufs
- 1 pincée de sel
- 1 noisette de beurre pour le moule
- ½ sachet de levure chimique
- 2 cuill. à soupe de miel liquide
- 1 cuill. à soupe de graines de sésame

Vin :

Muscat du Cap Corse à 9 °C

✓ Préchauffez votre four th 6 (180 °C).

✓ Travaillez le beurre fondu et le sucre pour obtenir un mélange crémeux.

✓ Cassez les œufs et séparez les jaunes des blancs. Incorporez progressivement les jaunes d'œufs à la préparation beurre-sucre, en mélangeant continuellement. Mélangez la farine et la levure chimique, puis incorporez le tout à la préparation. Montez les blancs en neige avec le sel, puis incorporez-les délicatement à la pâte.

✓ Épluchez les pommes, épépinez-les et coupez-les en petits morceaux. Râpez le chocolat grossièrement. Incorporez les copeaux de chocolat et les morceaux de pommes à la pâte.

✓ Versez la pâte dans un moule à cake beurré de 25 à 30 cm, lissez la surface, puis faites cuire au four, sur la plaque du bas, pendant 1 h 15 environ. Versez le miel liquide sur le cake tout juste sorti du four et saupoudrez de graines de sésame. Servez tiède ou froid.

Astuce : Pour un cake plus fondant, vous pouvez remplacer les pommes par des poires. 10 minutes après avoir enfourné le cake, fendez le dessus avec la pointe d'un couteau afin qu'il se craquèle joliement sur le dessus.

Cannelés au miel

Préparation : ***20 min*** - Cuisson : ***1 h 10***
Repos : ***24 h*** - Difficulté : ***très facile*** - Budget : ***pas cher***

Pour 6 personnes

- 1 l de lait
- 4 œufs
- 400 g de sucre en poudre
- 200 g de farine
- 100 g de poudre d'amande
- 40 g de beurre pour les moules
- 2 cuill. à soupe de miel de pin

Vin :
Muscat de Lunel à 8 °C

✓ Portez le lait à ébullition. Retirez-le du feu et ajoutez les œufs un à un, en fouettant vivement. Laissez refroidir, puis ajoutez le sucre. Mélangez et portez à nouveau à ébullition.

✓ Ajoutez le miel, poursuivez la cuisson 1 minute, retirez du feu et laissez refroidir.

✓ Ajoutez la farine tamisée et la poudre d'amande. Mélangez bien et passez au tamis. Laissez reposer 24 heures.

✓ Le lendemain, préchauffez le four th 6 (180 °C). Beurrez les moules à cannelés et remplissez-les de pâte. Enfournez et faites cuire 1 heure.

✓ Sortez les cannelés du four et démoulez-les. Laissez-les refroidir sur une grille avant de les servir.

Astuce : Ne remplissez pas les moules jusqu'au bord car les cannelés gonflent beaucoup lors de la cuisson. Pour une recette plus parfumée, ajoutez 10 cl de rhum à la pâte.

Crèmes brûlées

Préparation : ***20 min*** - Cuisson : ***1 h 05***
Réfrigération : ***2 h*** - Difficulté : ***facile*** - Budget : ***pas cher***

Pour 6 personnes

- 8 jaunes d'œufs
- 1 gousse de vanille
- 60 cl de crème fraîche liquide
- 75 g de sucre en poudre
- Du sucre roux pour la décoration

Vin :
Monbazillac à 7 °C

✓ Fendez la gousse de vanille et prélevez les graines à l'aide de la pointe d'un couteau. Mélangez la crème fraîche liquide, les graines et la gousse de vanille et portez le tout à ébullition.

✓ Fouettez les jaunes d'œufs avec le sucre jusqu'à ce que le mélange devienne crémeux. Incorporez petit à petit le lait chaud vanillé. Filtrez la crème à travers un tamis et versez-la dans les ramequins.

✓ Disposez les ramequins dans un plat allant au four. Ajoutez de l'eau chaude dans le fond du plat et faites cuire pendant 1 heure. Retirez les ramequins du four, laissez-les refroidir quelques instants avant de les entreposer au réfrigérateur pendant 2 heures.

✓ Avant de servir, saupoudrez les crèmes de sucre roux et passez-les rapidement sous le gril jusqu'à ce que le sucre caramélise. Vous pouvez aussi déposer les ramequins dans un bain-marie glacé et les faire caraméliser rapidement au four très chaud.

Crumble aux poires

Préparation : ***20 min*** - Cuisson : ***35 min***
Difficulté : ***facile*** - Budget : ***pas cher***

Pour 6 personnes

Pour la garniture :

- 6 petites poires
- 125 g de beurre
- 100 g de sucre en poudre
- 3 cuill. à soupe de jus de citron
- 1 petite cuill. à café de cannelle
- 1 noisette de beurre pour les ramequins
- 1 petit pot de crème fraîche épaisse

Pour la pâte à crumble :

- 150 g de beurre doux
- 150 g de farine
- 150 g de sucre de cassonade
- 75 g de poudre d'amande
- 75 g de poudre de noisette (facultatif)

Vin :
Bonnezeaux à 7 °C

✓ Préchauffez le four th 6 (180 °C). Épluchez les poires, épépinez-les et coupez-les en lamelles.

✓ Versez tous les ingrédients pour la garniture dans une poêle à fond épais. Laissez mijoter 5 minutes, sans cesser de remuer, jusqu'à ce que le mélange caramélise. Retirez du feu et laissez refroidir tout en continuant de remuer.

✓ Pour la pâte à crumble : mélangez le beurre, la farine et le sucre jusqu'à ce que le mélange soit sableux, puis ajoutez les poudres d'amande et de noisette.

✓ Répartissez les fruits dans des ramequins beurrés et émiettez la pâte à la surface. Faites dorer au milieu du four pendant 30 minutes.

✓ Laissez tiédir et servez accompagné de crème fraîche épaisse.

Astuce : Il existe tellement de parfums de crumble ! Testez les pommes et la cannelle dorées dans du beurre, la rhubarbe fondue, les fruits rouges... et inventez de nouvelles recettes. La recette de base de la pâte reste toujours identique : 150 g de sucre de cassonade, 150 g de beurre et 150 g de farine.

Far aux abricots secs

Préparation : ***20 min*** - Cuisson : ***45 min***
Repos : ***1 h*** - Difficulté : ***facile*** - Budget : ***pas cher***

Pour 6 personnes

- 250 g d'abricots secs
- 250 g de farine
- 140 g de sucre en poudre
- ½ l de lait
- 6 œufs
- 1 gousse de vanille
- 1 pincée de sel
- 1 noisette de beurre pour le moule

Vin :
Rosé de Loire à 11 °C

✓ Mettez les abricots secs dans un bol. Couvrez-les d'eau tiède et laissez-les tremper.

✓ Versez la farine, le sucre et le sel dans un grand saladier. Creusez une fontaine au centre et cassez-y les œufs un à un, en incorporant la farine au fouet au fur et à mesure. Versez le lait, toujours en fouettant. La pâte obtenue doit être épaisse et coulante.

Astuce : Essayez aussi la recette du vrai far breton qui se fait avec des pruneaux. Disposez quelques morceaux de beurre salé sur la pâte avant d'enfourner, c'est un délice !

✓ Fendez la gousse de vanille en deux et récupérez les graines en passant la pointe d'un couteau à l'intérieur de la gousse. Ajoutez les graines dans la pâte et mélangez bien. Couvrez la pâte d'un linge et laissez-la reposer 1 heure.

✓ Préchauffez le four th 6 (180 °C). Égouttez les abricots et séchez-les dans du papier absorbant. Beurrez généreusement un moule à tarte. Versez un gros tiers de pâte dans le fond du moule. Ajoutez les abricots et versez le reste de pâte par-dessus. Enfournez et faites cuire 45 minutes.

✓ Sortez le moule du four et laissez tiédir avant de servir.

Gratin de fruits rouges

Préparation : ***20 min*** - Cuisson : ***15 min***
Difficulté : ***très facile*** - Budget : ***pas cher***

Pour 4 personnes

- 600 g de fruits rouges (framboises, mûres, groseilles…)
- 450 g de crème fraîche
- 50 g de sucre en poudre
- 10 g de farine
- 1 cuill. à café de jus de citron
- 1 noisette de beurre pour les moules

Vin :
Saumur blanc mousseux à 9 °C

✓ Préchauffez le four th 6 (180 °C).

✓ Fouettez la crème fraîche, le jus de citron, le sucre en poudre et la farine.

✓ Rafraîchissez les fruits rouges, sauf les framboises, sous l'eau froide. Séchez-les délicatement dans du papier absorbant et répartissez-les dans les moules préalablement beurrés.

✓ Recouvrez de crème, faites cuire au four pendant 15 minutes et servez tiède.

Astuce : Cette recette peut se réaliser avec des fruits rouges surgelés que vous aurez préalablement décongelés à température ambiante sur du papier absorbant. Mettez un peu de poudre d'amande dans le fond des moules afin d'absorber le surplus de jus.

Muffins aux figues

Préparation : ***20 min*** - Cuisson : ***30 min***
Repos : ***2 h*** - Difficulté : ***très facile*** - Budget : ***pas cher***

Pour 6 personnes

- 250 g de farine de froment
- 160 g de sucre en poudre
- 100 g de beurre
- 30 cl de lait
- 6 figues fraîches
- 1 œuf
- 1 sachet de levure
- 2 pincées de sel
- 1 noisette de beurre pour les moules

Vin :
Muscat de Mireval à 8 °C

✓ Coupez le beurre en parcelles dans un saladier et laissez-le ramollir. Coupez les figues en tranches fines. Versez le lait dans une casserole et faites-le tiédir à feu doux.

✓ Mélangez la farine tamisée, la levure, 100 g de sucre et une pincée de sel. Séparez le blanc du jaune d'œuf et ajoutez le jaune dans le saladier. Mélangez bien en versant doucement le lait tiédi au fur et à mesure, jusqu'à obtention d'une pâte homogène. Couvrez d'un linge et laissez reposer 2 heures.

✓ Préchauffez le four th 7 (210 °C). Chemisez des petits moules à bords hauts de papier sulfurisé beurré. Ajoutez le beurre ramolli, le sucre restant et les figues dans la pâte, et mélangez bien.

✓ Ajoutez le sel restant au blanc d'œuf et montez-le en neige. Incorporez-le délicatement à la pâte. Versez la pâte dans les moules et enfournez. Faites cuire 25 minutes environ.

✓ Vérifiez la cuisson avec la lame d'un couteau. Démoulez les muffins sur une grille et laissez-les refroidir avant de servir.

Pain brioché aux raisins

Préparation : ***25 min*** - Cuisson : ***1 h***
Repos : ***1 h 30*** - Difficulté : ***facile*** - Budget : ***pas cher***

Pour 6-8 personnes

- 600 g de farine de blé
- 100 g de raisins secs
- 50 g de beurre ramolli
- 30 cl d'eau
- 3 œufs
- 1 jaune d'œuf pour dorer la pâte
- 1 cube de levure fraîche (42 g)
- 1 noisette de beurre pour le moule
- 2 cuill. à café de sucre en poudre
- 1 cuill. à soupe de farine pour le moule
- ½ cuill. à café de sel

Vin :
Sauternes à 7 °C

✓ Préchauffez le four th 7 (200 °C). Émiettez la levure dans deux cuillères à soupe d'eau tiède. Versez l'eau restante et mélangez avec la levure, le sucre et le sel. Incorporez les œufs, puis la farine et le beurre.

✓ Travaillez la pâte jusqu'à ce qu'elle devienne homogène. Laissez reposer 1 heure au chaud dans un saladier recouvert d'un torchon humide.

✓ Pétrissez la pâte à nouveau avec les raisins secs. Beurrez un moule à cake de 25 à 30 cm et saupoudrez-le de farine. Versez-y la pâte, étalez bien, puis laissez lever encore 30 minutes au chaud.

✓ Enfournez et faites cuire pendant 50 minutes, puis retirez le pain du four et badigeonnez-le rapidement avec le jaune d'œuf mélangé avec un peu d'eau. Enfournez 10 minutes de plus.

✓ Démoulez le pain brioché et laissez refroidir.

Astuce : Pour que les raisins secs ne tombent pas au fond de la brioche, roulez-les dans un peu de farine avant de les incorporer à la pâte.

Poires pochées au gingembre

Préparation : ***15 min*** - Cuisson : ***15 min***
Difficulté : ***facile*** - Budget : ***abordable***

Pour 6 personnes

- 6 petites poires bien mûres
- 1 pincée de safran en poudre
- 40 cl de vin blanc moelleux
- Le jus de 2 citrons verts
- 2 cuill. à café de gingembre râpé
- 2 cuill. à soupe de sucre en poudre

Vin :
Loupiac à 7 °C

✓ Épluchez les poires en laissant la queue. Arrosez-les immédiatement de jus de citron vert.

✓ Faites dissoudre le sucre dans un peu d'eau, incorporez le safran, le gingembre et faites mijoter 1 à 2 minutes à feu doux. Ajoutez le vin et les poires. Faites cuire à couvert pendant 10 minutes, jusqu'à ce que les fruits soient tendres et sans les faire fondre. Retournez-les et arrosez-les régulièrement de jus pendant la cuisson.

✓ Sortez les poires de la casserole à l'aide d'une écumoire et laissez-les refroidir. Faites réduire le jus de moitié, filtrez-le et laissez-le refroidir. Disposez les poires dans six ramequins, arrosez-les de sirop de gingembre et dégustez.

Astuce : Pour les gourmands, servez accompagné d'une sauce au chocolat qui se mariera divinement bien avec le gingembre.

Tartelettes aux pommes

Préparation : ***45 min*** - Cuisson : ***55 min***
Réfrigération : ***30 min*** - Difficulté : ***facile*** - Budget : ***pas cher***

Pour 4 personnes

Pour la pâte :

- 250 g de farine
- 125 g de beurre
- 1 jaune d'œuf
- 1 pincée de sel
- 1 cuill. à café de sucre en poudre

Pour la garniture :

- 800 g de pommes
- 60 g de maïzena
- 20 cl de vin blanc moelleux
- 15 cl de jus de pomme
- 1 sachet de sucre vanillé
- 3 cuill. à soupe de sucre en poudre
- 3 cuill. à soupe de confiture d'abricot

Vin :
Jurançon moelleux à 7 °C

✓ Tamisez la farine dans un saladier. Ajoutez le beurre coupé en morceaux, le jaune d'œuf, le sucre, le sel et deux cuillères à soupe d'eau froide. Travaillez rapidement afin d'obtenir une pâte lisse et homogène. Formez une boule, enveloppez-la dans du film plastique et laissez-la reposer 30 minutes au réfrigérateur.

✓ Préchauffez le four th 6 (180 °C). Étalez la pâte avec un rouleau à pâtisserie et garnissez-en quatre moules à tartelette. Piquez le fond avec une fourchette et tapissez-le de papier sulfurisé. Recouvrez de haricots secs et faites cuire, à blanc, au four pendant 6 minutes. Laissez le four allumé.

✓ Préparez la garniture : délayez la maïzena dans un peu d'eau. Portez à ébullition le vin, le jus de pomme, le sucre et le sucre vanillé. Incorporez la maïzena et faites épaissir de façon à obtenir une crème onctueuse.

✓ Épluchez les pommes. Coupez les deux tiers en petits morceaux et le reste en fines lamelles. Incorporez les petits morceaux à la crème et versez-la sur les fonds de tartelettes. Disposez les lamelles de pommes en cercle sur la crème, en les faisant se chevaucher. Faites cuire les tartelettes au four pendant 40 minutes.

✓ À la sortie du four, badigeonnez les tartelettes encore chaudes de confiture d'abricot et laissez-les refroidir avant de les servir.

Tiramisu

Préparation : ***25 min* - *Cuisson :***
Réfrigération : ***2 h*** - Difficulté : ***facile*** - Budget : ***pas cher***

Pour 4 personnes

- 3 œufs
- 1 gousse de vanille
- 250 g de mascarpone
- 150 g de biscuits à la cuillère
- 80 g de sucre en poudre
- 20 cl de café noir très fort
- 10 cl d'amaretto (liqueur d'amande)
- Du cacao en poudre pour la décoration

Vin :
Maury rouge à 14 °C

✓ Mélangez le café noir avec l'amaretto. Séparez les blancs des jaunes.

✓ Fouettez les jaunes d'œufs et le sucre jusqu'à ce que le mélange devienne mousseux. Fendez la gousse de vanille en deux et prélevez les graines avec la pointe d'un couteau. Ajoutez les graines de vanille à la crème aux œufs et incorporez le mascarpone. Montez les blancs d'œufs en neige très ferme et incorporez-les délicatement à la crème.

✓ Imbibez la moitié des biscuits de café à l'amaretto et tapissez-en un grand plat carré. Répartissez la moitié de la crème sur les biscuits, puis couvrez de nouveau avec le reste des biscuits imbibés. Terminez par une couche de crème.

✓ Recouvrez le plat de film alimentaire et réservez au réfrigérateur pendant au moins 2 heures.

✓ Saupoudrez de cacao et servez aussitôt.

Astuce : Pour ceux qui veulent en manger très souvent, vous pouvez (sans le dire aux puristes) remplacer le mascarpone par du fromage blanc mélangé à de la crème fraîche épaisse.

Hiver

Assiette de maki-sushis

Préparation : ***30 min*** - Cuisson : ***35 min***
Difficulté : ***facile*** - Budget : ***abordable***

Pour 4 personnes

- 250 g de riz à sushi
- 125 g de filets de saumon (ou de thon)
- 80 g de concombre
- 15 cl de sauce soja
- 6 à 8 feuilles de nori
- 1 petit morceau de kombu
- 3 cuill. à soupe de vinaigre de riz
- 2 cuill. à café de wasabi
- 1,5 cuill. à soupe de sucre en poudre
- 1 cuill. à soupe de katsuobushi
- 1 cuill. à café de sel
- Du gingembre mariné

Vin :

Alsace-Gewurztraminer sec à 11 °C

✓ Rincez le riz à sushi à l'eau courante jusqu'à ce que l'eau ressorte claire de la passoire. Égouttez-le et versez-le dans une casserole avec ½ l d'eau. Portez à ébullition et faites gonfler à couvert et à feu doux pendant 25 minutes au cuit-vapeur.

✓ Coupez le concombre en deux dans le sens de la longueur, épépinez-le et coupez-le en bâtonnets de 1 cm d'épaisseur. Rafraîchissez les filets de poisson sous l'eau, épongez-les dans du papier absorbant et coupez-les en morceaux.

✓ Préparez l'assaisonnement du riz en portant à ébullition le vinaigre, le sucre, le sel et le kombu. Filtrez et réservez. Préparez la sauce sushi en portant à ébullition la sauce soja, 5 cl d'eau et le katsuobushi. Filtrez et laissez refroidir.

✓ Mettez le riz dans un saladier, ajoutez l'assaisonnement et mélangez délicatement avec une fourchette.

✓ Posez une feuille de nori sur une natte de bambou. Étalez le riz préparé (sur environ 5 mm d'épaisseur) sur le tiers inférieur de la feuille. Creusez un sillon au milieu du riz et étalez le wasabi, puis déposez-y les bâtonnets de concombre et les morceaux de poisson. Roulez la feuille de nori en vous aidant de la natte en bambou, en partant du bas vers le haut. Ôtez la natte, puis coupez les rouleaux en morceaux avec un couteau bien aiguisé. Servez les maki-sushis accompagnés de sauce et de gingembre mariné.

Feuilleté aux épinards et à la feta (Spanakopita)

Préparation : ***30 min*** - Cuisson : ***1 h 05***
Difficulté : ***facile*** - Budget : ***pas cher***

Pour 6 personnes

- 1,5 kg d'épinards frais
- 400 g de feta
- 10 cl de lait
- 10 feuilles de pâte filo
- 3 oignons
- 2 œufs
- 1 bouquet d'aneth
- 1 pointe de muscade moulue
- Huile d'olive
- Poivre

Vin :
Touraine-Amboise rouge à 15 °C

✓ Lavez, épluchez et séchez les épinards. Faites-les cuire 5 minutes à la vapeur. Laissez-les s'égoutter et hachez-les grossièrement.

✓ Épluchez et hachez les oignons. Émiettez la feta. Lavez, effeuillez et hachez l'aneth. Dans un saladier, battez les œufs et le lait, puis ajoutez les oignons, l'aneth, la feta, les épinards et la muscade. Mélangez bien et poivrez.

✓ Préchauffez le four th 6 (180 °C). Posez une feuille de filo dans le fond d'un moule huilé. Badigeonnez-la d'huile d'olive. Posez une nouvelle feuille et huilez-la. Procédez ainsi en superposant cinq feuilles.

✓ Versez ensuite la préparation aux épinards. Étalez-la bien et recouvrez-la de cinq nouvelles feuilles de filo huilées. Enfournez et faites cuire 1 heure.

✓ Servez dès la sortie du four.

Astuce : La pâte filo se trouve au rayon frais de votre supermarché. Si vous n'en trouvez pas, remplacez-la par de la pâte feuilletée. Sortez la pâte feuilletée du réfrigérateur au dernier moment afin qu'elle soit bien croustillante.

Flan de brocolis

Préparation : ***20 min*** - Cuisson : ***35 min***
Difficulté : ***très facile*** - Budget : ***pas cher***

Pour 6 personnes

- 1,5 kg de brocolis
- 60 g de beurre
- 15 cl de crème fraîche
- 4 œufs
- 2 jaunes d'œufs
- 1 pincée de muscade
- 1 noix de beurre pour les moules
- Sel, poivre

Vin :
Bordeaux blanc sec à 9 °C

✓ Beurrez douze petits moules. Coupez les brocolis en petits bouquets et faites-les cuire dans de l'eau bouillante salée jusqu'à ce qu'ils soient tendres. Égouttez-les et rafraîchissez-les sous l'eau froide.

✓ Réservez douze petits bouquets. Mettez le reste dans un mixeur et faites tourner jusqu'à obtention d'une purée.

✓ Versez la purée de brocolis dans un saladier. Ajoutez les œufs, les jaunes d'œufs et la crème. Mélangez bien. Salez, poivrez et ajoutez la muscade.

✓ Préchauffez le four th 6 (180 °C). Répartissez la préparation dans les moules. Enfoncez les petits bouquets réservés dans la purée. Posez les moules dans un plat à four à bords hauts. Remplissez d'eau chaude à mi-hauteur des moules et enfournez. Faites cuire 25 minutes.

✓ Démoulez les flans dans un plat et servez aussitôt.

Astuce : Pour cuire les brocolis, il faut compter 5 minutes de cuisson à partir de l'ébullition.

Mousse d'épinards aux noix et au coulis de tomates

Préparation : ***30 min*** - Cuisson : ***40 min***
Difficulté : ***facile*** - Budget : ***abordable***

Pour 6 personnes

Pour les mousses :

- 1 kg d'épinards en branches
- 100 g de cerneaux de noix
- 90 g de beurre
- 3 œufs
- 1 noix de beurre pour les ramequins
- Sel, poivre

Pour le coulis :

- 6 tomates bien mûres
- 3 cuill. à soupe d'huile d'olive
- 3 cuill. à soupe de basilic ciselé
- Sel, poivre

Vin :
Corbières blanc à 13 °C

✓ Préchauffez le four th 6 (180 C°). Épluchez et lavez les épinards. Faites-les cuire 10 minutes à feu doux dans le beurre. Mixez les cerneaux de noix, gardez-en quelques-uns pour la décoration. Battez les œufs en omelette, salez, poivrez et ajoutez la poudre de noix et les épinards.

✓ Beurrez six ramequins. Répartissez-y la préparation. Posez les ramequins dans un plat à four et versez un verre d'eau dans le fond. Faites cuire 20 minutes.

✓ Pelez les tomates après les avoir ébouillantées 2 minutes. Coupez-les en deux, épépinez-les et concassez-les. Faites chauffer l'huile dans une sauteuse. Ajoutez-y les tomates concassées et le basilic ciselé. Salez et poivrez. Faites cuire à feu doux, en remuant régulièrement, pendant 10 minutes.

✓ Sortez les mousses du four, démoulez-les sur des assiettes, entourez-les de coulis de tomates, décorez de quelques cerneaux de noix et servez immédiatement.

Astuce : Vous pouvez utiliser des épinards surgelés, en les égouttant bien après les avoir décongelés.

Omelette aux poireaux et aux lardons

Préparation : ***20 min*** - Cuisson : ***20 min***
Difficulté : ***facile*** - Budget : ***pas cher***

Pour 4 personnes

- 6 œufs
- 500 g de blancs de poireaux nettoyés
- 75 g de gouda râpé
- 75 g de dés de lardons
- 12 cl de lait
- 4 cuill. à soupe de crème fraîche
- 1 cuill. à café d'huile
- Sel, poivre

Vin :
Cassis blanc à 9 °C

✓ Mélangez les œufs, le lait, l'huile et du sel. Incorporez 25 g de gouda. Réservez.

✓ Coupez les poireaux en fines rondelles. Faites griller les lardons à la poêle et ajoutez les poireaux. Faites cuire à couvert pendant environ 8 minutes. Salez, poivrez et ajoutez la crème fraîche.

✓ Préchauffez le four th 7 (210 °C) Préparez quatre omelettes, garnissez-les de la préparation aux poireaux et pliez-les en deux. Parsemez-les du reste de fromage râpé. Enfournez et faites cuire pendant 5 minutes.

✓ Servez sans attendre accompagné d'une salade verte.

Astuce : Pour une omelette moelleuse, ajoutez un peu de crème fraîche ou de lait avant de battre. Pour une omelette très légère, battez les blancs en neige, puis incorporez-les aux jaunes.

Pain aux figues et aux noix

Préparation : ***30 min*** - Cuisson : ***45 min***
Repos : ***55 min*** - Difficulté : ***facile*** - Budget : ***pas cher***

Pour 6-8 personnes

- 500 g de farine de blé
- 250 g de figues séchées
- 125 g de cerneaux de noix grossièrement hachés
- ¼ l d'eau tiède
- 1 œuf
- 1 jaune d'œuf
- 1 cube de levure fraîche (42 g)
- 2 cuill. à café de sel
- 2 cuill. à soupe de farine pour le plan de travail
- 1 cuill. à café de sucre en poudre
- 1 noisette de beurre pour le moule

Vin :
Muscat de Rivesaltes à 8 °C

✓ Versez la farine dans un saladier et creusez un puits. Émiettez la levure en petits morceaux dans ce puits et mélangez avec du sucre et un peu d'eau tiède. Saupoudrez avec un peu de farine, recouvrez d'un torchon et laissez lever 10 minutes au chaud.

✓ Coupez les figues en petits morceaux. Ajoutez l'eau restante, le sel et l'œuf à la pâte, puis travaillez-la bien. Incorporez ensuite les figues et les noix. Recouvrez la pâte d'un torchon et laissez-la lever 45 minutes au chaud.

✓ Préchauffez le four th 7 (200 °C). Travaillez la pâte sur un plan de travail fariné et formez une boule. Beurrez un moule à cake de 25 à 30 cm et versez-y la pâte. Laissez reposer à nouveau 45 minutes au chaud, recouvert d'un torchon.

✓ Badigeonnez le pain avec le jaune d'œuf, enfournez et faites cuire 40 à 45 minutes. Retirez du four, laissez refroidir, puis démoulez avant de servir.

Astuce : Pour dorer le pain, vous pouvez remplacer le jaune d'œuf par trois cuillères à soupe de lait.

Petits pains cocktail

Préparation : ***20 min*** - Cuisson : ***10 min***
Repos : ***45 min*** - Difficulté : ***facile*** - Budget : ***pas cher***

Pour 50 petits pains

- 430 g de farine
- 30 g de levure de boulanger fraîche
- ¼ l d'eau tiède
- 3 œufs
- 2 cuill. à soupe de farine pour le plan de travail
- 1 cuill. à café de sucre en poudre
- 1 cuill. à café de sel
- Huile
- Des graines de sésame

Vin :
Crémant de Loire blanc à 9 °C

✓ Délayez la levure avec le sucre en poudre dans l'eau tiède. Pétrissez la farine avec ce mélange, le sel et deux cuillères à soupe d'huile. Faites lever dans un endroit chaud pendant 45 minutes.

✓ Battez les œufs en omelette et réservez-les.

✓ Préchauffez le four th 8 (240 °C). Pétrissez de nouveau la pâte sur le plan de travail fariné et formez un rouleau Ø 3 cm. Coupez-le en rondelles, formez des boules et disposez-les sur une plaque à pâtisserie huilée. Aplatissez-les légèrement, badigeonnez-les d'œufs battus et parsemez-les de graines de sésame.

✓ Faites cuire au four pendant 8 minutes.

✓ Garnissez ensuite vos petits pains de mayonnaise et d'œuf dur écrasé parsemé de ciboulette, de jambon et de cornichons, ou de saumon au raifort accompagné de crème fraîche.

Astuce : Pour faire lever la pâte plus rapidement, vous pouvez la mettre au four th 4 (120 °C).

Pizza au jambon de Parme

Préparation : ***25 min*** - Cuisson : ***15 min***
Repos : ***1 h*** - Difficulté : ***facile*** - Budget : ***pas cher***

Pour 2 pizzas

- 600 g de tomates
- 300 g de farine
- 10 g de levure de boulanger fraîche
- 4 à 6 tranches de jambon de Parme
- 2 boules de mozzarelle
- 1 bouquet de roquette
- Huile d'olive
- Sel, poivre

Vin :
Iroulégguy rosé à 9 °C

✓ Mélangez la farine, une grosse pincée de sel, la levure, une cuillerée à soupe d'huile d'olive et 15 cl d'eau tiède dans un saladier, afin d'obtenir une pâte souple et non collante. Si besoin et selon la consistance de la pâte, rajoutez de la farine ou de l'eau. Faites lever la pâte dans un endroit chaud, à couvert, pendant 1 heure.

✓ Ébouillantez les tomates, pelez-les, puis coupez-les en petits morceaux. Égouttez la mozzarelle et coupez-la en rondelles. Lavez la roquette et essorez-la.

✓ Préchauffez le four th 8 (240 °C). Huilez deux moules à pizza. Divisez la pâte en deux boules et pétrissez-les de nouveau. Étalez-les avec un rouleau à pâtisserie et garnissez les moules de pâte.

✓ Badigeonnez les pâtes avec deux cuillerées à soupe d'huile d'olive. Salez et poivrez. Répartissez les tomates et les rondelles de mozzarelle. Salez et poivrez de nouveau, et faites cuire au four pendant 10 à 15 minutes. Garnissez de tranches de jambon de Parme et de feuilles de roquette et servez aussitôt.

Astuce : Pour une recette express, utilisez une pâte à pizza déjà prête, il vous suffira de la dérouler.

Salade exotique épicée

Préparation : ***20 min*** - Cuisson : ***20 min***
Difficulté : ***facile*** - Budget : ***pas cher***

Pour 4 personnes

- 4 filets de poulet
- 3 citrons non traités
- 1 papaye mûre
- 1 morceau de gingembre frais
- 1 pincée de sel
- 400 g de chou chinois
- 150 g de pois gourmands
- 100 g de nouilles de riz fines
- 2 cuill. à soupe de sucre roux
- 2 cuill. à soupe de sauce chili douce
- 2 cuill. à soupe de Nuoc-mâm
- 1 cuill. à café de grains de poivre

Vin :

Beaune rouge à 16 °C

✓ Épluchez environ 3 cm de gingembre et coupez-le en fines tranches. Brossez les citrons sous l'eau froide, prélevez un morceau de zeste et pressez deux citrons. Mettez le sel, les grains de poivre, le zeste de citron et les tranches de gingembre dans 15 cl d'eau et portez à ébullition. Ajoutez les filets de poulet, puis faites cuire à couvert et à feu doux pendant 15 minutes.

✓ Lavez le chou chinois et coupez-le en lanières. Lavez les pois gourmands et coupez-les en petits morceaux. Épluchez la papaye, coupez-la en deux, enlevez le noyau et coupez la chair en tranches.

✓ Détaillez les filets de poulet en lamelles. Faites cuire les nouilles selon les indications du paquet, égouttez-les et coupez-les en morceaux.

✓ Préparez une sauce en mélangeant le jus des citrons, le sucre, le Nuoc-mâm et la sauce chili. Coupez un morceau de gingembre, pelez-le et râpez-le au-dessus de la sauce.

✓ Mélangez le chou chinois, les pois gourmands, la papaye et les nouilles avec la sauce. Coupez le dernier citron en tranches. Présentez la salade sur un plat, dressez les filets de poulet sur la salade et décorez de tranches de citron. Servez aussitôt.

Soupe à l'oignon

Préparation : ***20 min*** - Cuisson : ***50 min***
Difficulté : ***facile*** - Budget : ***pas cher***

Pour 4 personnes

- 700 g d'oignons
- 100 g de gruyère râpé
- 1 l de bouillon de volaille
- 20 cl de vin blanc sec
- 3 cuill. à café de sucre en poudre
- 2 noix de beurre
- 2 gousses d'ail
- Croûtons de pain
- Sel, poivre

Vin :
Alsace-Sylvaner à 9 °C

✓ Épluchez les oignons et coupez-les en fines rondelles. Faites chauffer le beurre dans une casserole et faites-y revenir les oignons pendant 15 minutes. Ajoutez le sucre en poudre, salez, poivrez, puis continuez la cuisson pendant 10 minutes, en remuant constamment.

✓ Préchauffez le four th 7 (210 °C).

✓ Versez le bouillon de volaille et le vin blanc dans la casserole, portez à ébullition et faites mijoter 15 minutes. Épluchez les gousses d'ail et émincez-les sur la soupe. Salez et poivrez.

✓ Répartissez la soupe à l'oignon dans quatre bols allant au four. Parsemez de gruyère râpé. Faites gratiner au four pendant 10 minutes jusqu'à ce que le fromage ait fondu.

✓ Servez la soupe à l'oignon accompagnée de croûtons et dégustez très chaud.

Astuce : Farinez les oignons après les avoir fait revenir dans le beurre, la soupe sera plus épaisse.

Soupe de chou-fleur au zeste d'orange

Préparation : ***15 min*** - Cuisson : ***25 min***
Difficulté : ***facile*** - Budget : ***pas cher***

Pour 4 personnes

- 1 chou-fleur de 750 g environ
- 1 oignon
- 1 pincée de noix de muscade
- 75 cl de bouillon de légumes
- 20 cl de crème fraîche liquide
- 2 cuill. à soupe de jus d'orange
- 2 cuill. à soupe de crème fraîche épaisse
- 1 cuill. à soupe de persil haché
- 1 cuill. à soupe d'huile d'olive
- Zeste d'orange et persil haché pour la décoration
- Sel, poivre

Vin :

Saumur blanc sec à 9 °C

✓ Séparez le chou-fleur en petits bouquets. Pelez et hachez l'oignon. Faites chauffer l'huile dans une casserole. Faites-y revenir le chou-fleur et l'oignon sans cesser de remuer, puis ajoutez le persil et le bouillon. Portez le tout à ébullition et laissez cuire pendant 20 minutes environ.

✓ Réduisez la préparation en purée, puis délayez avec la crème liquide.

✓ Portez à ébullition et ajoutez du sel, du poivre, la noix de muscade et le jus d'orange.

✓ Répartissez la soupe dans des bols. Incorporez la crème fraîche.

✓ Décorez avec du zeste d'orange et du persil, et servez sans attendre.

Astuce : Pour une soupe repas, servez avec des lardons et des croûtons grillés.

Tarte aux épinards et au saumon

Préparation : ***30 min*** - Cuisson : ***1 h***
Difficulté : ***facile*** - Budget : ***abordable***

Pour 6 personnes

- 1 rouleau de pâte brisée
- 2 pavés de saumon
- 2 œufs
- 500 g d'épinards en branches
- 25 g de beurre
- 25 cl de crème fraîche épaisse
- 1 cuill. à soupe d'huile
- 1 noisette de beurre pour le moule
- Sel, poivre

Vin :
Sancerre blanc à 11 °C

✓ Préchauffez le four th 7 (210 °C). Placez les pavés de saumon dans le panier d'un cuit-vapeur. Ajoutez de l'eau, couvrez et faites cuire 15 minutes. Hachez grossièrement la chair du saumon. Lavez et épluchez les épinards.

✓ Faites chauffer l'huile et le beurre dans une sauteuse. Ajoutez les épinards et faites-les suer à feu doux pendant 15 minutes, en remuant de temps en temps. Salez et poivrez.

✓ Dans un saladier, fouettez la crème fraîche et les œufs. Salez et poivrez. Ajoutez les épinards et le saumon. Mélangez bien.

✓ Beurrez un moule à tarte et garnissez-le de pâte brisée. Piquez le fond avec une fourchette et versez la préparation à l'intérieur. Enfournez et faites cuire 25 à 30 minutes. Servez chaud, tiède ou froid avec une salade verte.

Astuce : Pour cette recette, vous pouvez utiliser des épinards surgelés, en les égouttant bien après les avoir décongelés, mais aussi des courgettes ou des poireaux. Si vous faites cuire la tarte en avance, ne l'entreposez pas au réfrigérateur car la pâte brisée ramollirait.

Bamie à la dinde

Préparation : ***25 min*** - Cuisson : ***50 min***
Repos : ***30 min*** - Difficulté : ***facile*** - Budget : ***abordable***

Pour 4 personnes

- 4 gros champignons noirs séchés
- 3 escalopes de dinde
- 3 oignons nouveaux
- 2 carottes
- 1 poivron vert
- 1 morceau de gingembre (2 cm environ)
- 150 g de pousses de soja
- 3 cuill. à soupe de miel
- 3 cuill. à soupe d'huile de sésame
- 2,5 cuill. à soupe de sauce soja
- 2 cuill. à soupe. de vinaigre
- 1 cuill. à soupe de farine

Vin :

Faugères rouge à 16 °C

✓ Plongez les champignons 30 minutes dans de l'eau froide.

✓ Coupez la viande en lanières de 1 cm. Coupez le poivron, le gingembre, les oignons, les carottes et les champignons en lamelles ou en bâtonnets.

✓ Faites chauffer l'huile de sésame dans un wok. Faites frire la viande avec le gingembre, en remuant. Retirez la viande et faites-y cuire le poivron, les carottes, les oignons et les champignons. Saupoudrez de farine.

✓ Pour la sauce, mélangez le vinaigre, le miel, deux cuillères à soupe de sauce soja et trois cuillères à soupe d'eau. Versez la sauce sur les légumes et mélangez. Ajoutez la viande et les pousses de soja égouttées. Laissez mijoter 10 à 12 minutes, en remuant.

✓ Assaisonnez avec de la sauce soja, puis servez accompagné de nouilles chinoises ou de riz.

Bœuf bourguignon

Préparation : ***25 min*** - Cuisson : ***3 h 20***
Difficulté : ***facile*** - Budget : ***abordable***

Pour 4 personnes

- 800 g de viande de bœuf (paleron, gîte, macreuse)
- 500 g de carottes
- 200 g d'oignons
- 100 g de lard
- 40 g de beurre
- 50 cl de vin rouge
- 12 cl de bouillon de viande
- 2 cl de cognac
- 3 gousses d'ail
- 3 clous de girofle
- 3 branches de thym frais
- 2 feuilles de laurier
- 3 cuill. à soupe de farine
- 3 cuill. à soupe de concentré de tomate
- 2 cuill. à soupe d'huile d'olive
- Sel, poivre

Vin :
Bourgueil rouge à 15 °C

✓ Épluchez les carottes et coupez-les en rondelles. Épluchez les oignons et coupez-les en fines lamelles. Épluchez les gousses d'ail et coupez-les en quatre. Coupez le lard en fines tranches. Coupez la viande en dés.

✓ Faites chauffer l'huile d'olive dans une grande cocotte. Faites-y revenir les lardons, puis sortez-les de la cocotte. Faites revenir les dés de viande dans le jus de cuisson des lardons, puis incorporez le concentré de tomate.

✓ Mouillez avec le vin rouge, le bouillon et le cognac. Ajoutez les lardons, les carottes, les oignons, l'ail, le thym, les feuilles de laurier et les clous de girofle. Salez et poivrez légèrement, puis faites mijoter à couvert et à feu doux pendant 3 heures.

✓ Mélangez le beurre avec la farine et incorporez-le à la préparation. Continuez la cuisson pendant 10 minutes à découvert. Servez bien chaud.

Astuce : Cette recette sera encore meilleure si vous la préparez la veille. Préparez une marinade avec les oignons, les carottes, le poivre, les clous de girofle et le vin et faites-y mariner la viande une nuit.

Cassoulet

Préparation : ***30 min*** - Cuisson : ***2 h 50***
Repos : ***12 h*** - Difficulté : ***très facile*** - Budget : ***pas cher***

Pour 4 personnes

- 4 à 6 saucisses selon leur taille
- 1 jarret de porc
- 1 saucisson à cuire
- 4 tomates
- 3 à 4 clous de girofle
- 3 carottes
- 2 oignons
- 2 gousses d'ail
- 1 bouquet garni
- 500 g de haricots blancs secs
- 400 g de lard maigre fumé
- 100 g de graisse d'oie
- 1 cuill. à café de thym séché
- De la chapelure
- Sel, poivre

Vin :
Cahors rouge à 15 °C

✓ Faites tremper les haricots la veille dans une grande quantité d'eau. Laissez-les gonfler toute la nuit. Pelez et émincez les gousses d'ail. Pelez un oignon et piquez-le d'une gousse d'ail et de clous de girofle. Placez l'oignon dans une cocotte et ajoutez une carotte, l'ail, le bouquet garni, 100 g de lard et les haricots, puis versez une grande quantité d'eau froide. Faites cuire à feu moyen pendant 1 heure 30 environ.

✓ Pelez et coupez le deuxième oignon en grosses lamelles. Lavez et coupez les tomates en deux, puis épépinez-les et coupez–les en quatre. Épluchez et émincez les carottes.

✓ Faites chauffer la graisse d'oie dans une grande cocotte pour y faire revenir brièvement le reste de lard et les lamelles d'oignon.

✓ Ajoutez la deuxième gousse d'ail, les tomates et les carottes restantes, puis les saucisses piquées et le jarret de porc. Assaisonnez généreusement de thym, de sel et de poivre. Ajoutez l'eau de cuisson des haricots et faites mijoter 1 heure.

✓ Coupez le saucisson en tranches épaisses. Retirez l'oignon piqué, puis disposez les haricots et les viandes dans une cocotte allant au four. Mouillez avec le jus de cuisson des viandes, saupoudrez de chapelure et faites gratiner 15 à 20 minutes au four. Servez très chaud.

Colombo d'agneau au blé

Préparation : ***40 min*** - Cuisson : ***1 h 20***
Difficulté : ***très facile*** - Budget : ***abordable***

Pour 6 personnes

- 800 g d'épaule d'agneau désossée
- 250 g de blé de type Ébly
- 80 g de beurre
- 2 mangues
- 2 aubergines
- 2 oignons
- 1 gousse d'ail
- 1 branche de thym
- 4 cuill. à soupe d'huile d'olive
- 2 cuill. à café de colombo en poudre
- 2 cuill. à soupe de lait de coco

Vin :
Gigondas rouge à 15 °C

✓ Coupez la viande en morceaux. Pelez et hachez finement les oignons. Pelez et hachez la gousse d'ail. Faites fondre 50 g de beurre dans un faitout. Faites-y revenir la viande, l'oignon et l'ail haché en mélangeant bien. Poudrez de colombo (gardez-en un peu de côté) et mélangez de nouveau. Ajoutez dans la casserole la branche de thym, le lait de coco et 10 cl d'eau. Couvrez et laissez cuire doucement pendant 1 heure, en ajoutant de l'eau en cours de cuisson si nécessaire.

✓ Pendant ce temps, lavez les aubergines, coupez-les en deux, puis en tranches. Pelez les mangues et coupez-les en lamelles.

✓ Faites fondre le beurre restant dans une poêle. Faites-y revenir les lamelles de mangues quelques minutes, puis gardez-les de côté. Faites chauffer l'huile d'olive dans une poêle, faites-y cuire les tranches d'aubergines 3 minutes de chaque côté. Posez-les sur du papier absorbant.

✓ Faites cuire le blé comme indiqué sur le paquet. Quand le temps de cuisson de la viande est écoulé, ajoutez le blé et les aubergines dans le faitout et prolongez la cuisson 10 minutes.

✓ Versez le colombo dans un plat, ajoutez les lamelles de mangues, poudrez légèrement de colombo et servez immédiatement.

Coq au vin

Préparation : ***30 min*** - Cuisson : ***1 h 30***
Difficulté : ***facile*** - Budget : ***abordable***

Pour 4 personnes

- 1 coq (environ 1,4 kg) coupé en morceaux
- 600 g de pommes de terre
- 200 g de petites carottes
- 150 g d'échalotes
- 150 g de petits champignons de Paris
- 65 g de beurre
- 40 g de lard maigre
- 50 cl de vin rouge
- 2 cuill. à soupe de cognac
- 2 cuill. à soupe de farine
- 2 gousses d'ail
- 2 pointes de couteau de poivre de Cayenne
- 1 bouquet garni
- 1 pincée de noix de muscade
- Sel, poivre

Vin :
Juliénas à 14 °C

✓ Salez, poivrez et farinez légèrement les morceaux de coq. Épluchez les échalotes et les gousses d'ail, et coupez-les en dés. Coupez le lard en petits morceaux. Faites fondre 25 g de beurre dans une cocotte et faites-y revenir les échalotes et les lardons. Sortez-les de la cocotte et réservez-les.

✓ Dans le jus de cuisson des lardons, faites revenir les morceaux de coq. Remettez les lardons, les échalotes et versez le vin et le cognac. Ajoutez l'ail, le bouquet garni, la noix de muscade et le poivre de Cayenne. Faites cuire à couvert et à feu doux pendant 45 minutes.

✓ Pendant ce temps, épluchez les pommes de terre et faites-les cuire dans de l'eau salée pendant 30 minutes. Épluchez les carottes. Coupez les carottes et les champignons en rondelles. Faites fondre le beurre restant dans une casserole et faites-y revenir les champignons et les carottes à feu doux pendant 6 minutes. Ajoutez les rondelles de champignons et de carottes à la viande.

✓ Présentez le coq au vin sur un plat et dégustez-le accompagné des pommes de terre.

Astuce : Ce plat est encore meilleur s'il est préparé la veille. Faites mariner les morceaux de coq avec le vin, le cognac, les oignons, les carottes et les épices.

Dhal aux légumes et à la noix de coco

Préparation : ***30 min*** - Cuisson : ***40 min***
Difficulté : ***facile*** - Budget : ***pas cher***

Pour 4 personnes

- 500 g de légumes variés au choix (haricots verts, chou-fleur, aubergine, courgette, ...)
- 300 g de lentilles jaunes
- 60 g de beurre
- 2 feuilles de laurier
- 2 cuill. à soupe de noix de coco râpée
- 1 cuill. à café de graines de moutarde
- 1 cuill. à café de garam massala
- 1 cuill. à café de curcuma en poudre
- ½ cuill. à café de paprika en poudre
- ½ cuill. à café de cumin en poudre
- ¼ cuill. à café de chili en poudre
- Sel, poivre

Vin :
Coteaux du Tricastin rouge à 14 °C

✓ Rincez les lentilles, puis égouttez-les.

✓ Faites chauffer 30 g de beurre dans une casserole, incorporez les épices et laissez revenir quelques instants. Ajoutez les lentilles, laissez revenir encore quelques instants en remuant, puis ajoutez 1,2 l d'eau et une feuille de laurier. Couvrez et laissez cuire à feu moyen pendant 20 minutes environ, en remuant de temps en temps.

✓ Si le dhal est trop épais, ajoutez un peu d'eau. Assaisonnez.

✓ Pendant ce temps, lavez les légumes et coupez-les en petits dés. Faites revenir quelques instants, à couvert, les graines de moutarde avec l'autre feuille de laurier dans le reste de beurre chaud. Ajoutez les légumes et laissez-les cuire quelques instants. Ajoutez un peu d'eau, couvrez et faites cuire à la vapeur pendant 5 minutes. Assaisonnez.

✓ Servez le dhal dans des petits bols, répartissez les légumes par-dessus et saupoudrez de noix de coco râpée. Servez bien chaud.

Astuce : Le dhal est un plat végétarien de l'Inde à base de lentilles et de légumes. Servez-le avec du riz blanc parfumé.

Fricassée de coquillages au lard

Préparation : ***20 min*** - Cuisson : ***20 min***
Difficulté : ***très facile*** - Budget : ***abordable***

Pour 6 personnes

- 1 l de coques
- 1 l de palourdes
- 150 g de lard fumé
- 2 courgettes
- 2 tomates
- 2 branches de romarin
- 1 poivron jaune
- 1 verre de vin blanc sec
- 2 cuill. à soupe d'huile d'olive
- Sel, poivre

Vin :
Alsace-Sylvaner à 9 °C

✓ Nettoyez les coquillages. Coupez les courgettes, le poivron et les tomates en tous petits dés. Coupez le lard fumé en petits lardons fins.

✓ Faites chauffer l'huile dans une grande cocotte. Ajoutez les lardons et le poivron, puis faites revenir à feu vif pendant 2 minutes, en remuant.

✓ Baissez le feu et ajoutez les courgettes. Mélangez bien. Laissez cuire pendant 5 minutes.

✓ Versez les coquillages dans la cocotte, ajoutez les dés de tomates et le vin blanc. Salez et poivrez. Mélangez, couvrez et faites cuire jusqu'à ce que les coquillages soient bien ouverts.

✓ Répartissez les coquillages dans les assiettes, parsemez de feuilles de romarin et servez aussitôt.

Astuce : Lavez les coques et les palourdes au dernier moment afin qu'elles ne perdent pas leur eau. Brassez-les plusieurs fois dans de l'eau froide, en changeant l'eau plusieurs fois jusqu'à ce qu'elle soit claire.

Gratin dauphinois

Préparation : ***20 min*** - Cuisson : ***50 min***
Difficulté : ***très facile*** - Budget : ***pas cher***

Pour 4 personnes

- 1 kg de pommes de terre à chair ferme
- 150 g de gruyère râpé
- 50 g de crème fraîche épaisse
- ½ l de lait
- 2 œufs
- 1 gousse d'ail
- 1 noisette de beurre pour les plats
- Sel, poivre

Vin :

Beaujolais Villages rouge à 12 °C

✓ Épluchez la gousse d'ail, frottez-la contre les parois de quatre petits plats à gratin, puis beurrez-les.

✓ Lavez les pommes de terre, épluchez-les et coupez-les en fines lamelles. Disposez-les par couches dans les plats. Salez et poivrez.

✓ Préchauffez le four th 7 (210 °C). Fouettez les œufs, le lait et la crème fraîche afin d'obtenir une préparation onctueuse. Versez-la sur les pommes de terre.

✓ Saupoudrez les gratins de gruyère râpé, puis faites-les cuire au four pendant 50 minutes. Le fromage doit être doré. Vérifiez la cuisson des pommes de terre et servez bien chaud.

Astuce : Si vous souhaitez un gratin plus moelleux, faites pré-cuire les pommes de terre coupées en rondelles dans un litre de lait bouillant durant 3 minutes. Égouttez-les bien avant de les mettre dans le plat. Réduisez légèrement les temps de cuisson au four.

Gratin de pâtes

Préparation : ***10 min*** - Cuisson : ***25 min***
Difficulté : ***très facile*** - Budget : ***pas cher***

Pour 4 personnes

- 400 g de coquillettes
- 30 g de beurre
- ½ l de lait
- 2 cuill. à soupe de farine
- 2 cuill. à soupe de parmesan râpé
- 1 cuill. à soupe de feuilles de basilic ciselées
- 1 cuill. à soupe de coulis de tomates
- 1 noix de beurre pour le plat
- Sel, poivre

Vin :
Graves blanc à 9 °C

✓ Faites cuire les pâtes dans de l'eau salée selon les indications du paquet, puis égouttez-les.

✓ Faites fondre le beurre dans une casserole, puis incorporez la farine. Ajoutez le lait et faites chauffer, en remuant, jusqu'à obtenir une béchamel épaisse. Ajoutez le coulis de tomates, le basilic et le parmesan. Salez et poivrez.

✓ Préchauffez le four th 7 (200 °C). Mélangez les pâtes avec la sauce et versez le tout dans un plat à gratin beurré. Faites cuire 15 minutes au four, jusqu'à ce que le gratin soit bien doré.

✓ Servez chaud accompagné d'une salade verte.

Astuce : Évitez les grumeaux dans la béchamel en incorporant du lait bien froid sur le roux bien chaud, sans cesser de fouetter, jusqu'à obtenir la consistance souhaitée. Incorporez-y du gruyère râpé ou du kiri. C'est délicieux !

Nouilles au tofu et aux légumes

Préparation : ***20 min*** - Cuisson : ***10 min***
Difficulté : ***facile*** - Budget : ***pas cher***

Pour 4 personnes

- 250 g de nouilles chinoises
- 125 g de tofu
- 100 g de germes de soja frais
- 3 oignons nouveaux
- 3 gousses d'ail
- 1 poivron jaune
- 1 grosse carotte
- 5 cl de bouillon de légumes
- 4 cuill. à soupe de sauce soja claire
- 2 cuill. à café de gingembre râpé
- 2 cuill. à soupe d'huile
- 1 cuill. à café de sucre de canne

Vin :
St-Nicolas de Bourgueil rouge à 15 °C

✓ Faites cuire les nouilles selon les instructions indiquées sur le paquet. Passez-les sous l'eau froide et égouttez-les.

✓ Épluchez l'ail et émincez-le. Coupez les oignons en rondelles et le tofu en morceaux. Coupez le poivron en deux, épépinez-le et retirez la peau blanche. Coupez-le en tranches très fines. Épluchez et râpez la carotte. Rincez les germes de soja.

✓ Faites chauffer l'huile dans un wok et faites-y revenir l'ail, le gingembre, les oignons et le tofu pendant 1 minute environ. Ajoutez ensuite le poivron et la carotte et faites frire 2 minutes de plus. Versez la sauce soja et le bouillon de légumes. Ajoutez le sucre, couvrez et prolongez la cuisson 1 à 2 minutes. Incorporez les pâtes et les germes de soja, et faites réchauffer le tout.

✓ Servez accompagné de riz basmati ou parfumé.

Astuce : Le tofu est une protéine de soja, appelé aussi fromage de soja, que vous trouverez au rayon frais de votre supermarché. Consommé froid, en salade, avec des nouilles asiatiques, mais aussi dans les soupes asiatiques, son utilisation est infinie. Il accompagne souvent les plats végétariens.

Pot-au-feu

Préparation : ***20 min*** - Cuisson : ***2 h 10***
Difficulté : ***très facile*** - Budget : ***pas cher***

Pour 4 personnes

- 500 g de gîte de bœuf
- 500 g de macreuse de bœuf
- 300 g de petites pommes de terre
- 10 grains de poivre
- 6 carottes
- 3 poireaux
- 3 branches de céleri
- 2 oignons
- 2 branches de romarin frais
- 2 branches de thym frais
- 2 clous de girofle
- 1 os à moelle
- 1 pincée de sel

Vin :
Brouilly à 13 °C

✓ Épluchez les oignons et piquez-les avec les clous de girofle.

✓ Mettez l'os à moelle, les oignons, le sel, les grains de poivre, le romarin et le thym dans une cocotte. Versez 2,5 l d'eau froide et faites chauffer lentement. Écumez la graisse au fur et à mesure. Dès l'ébullition, ajoutez la viande et faites cuire à feu doux pendant 2 heures, en écumant régulièrement la graisse.

✓ Épluchez les carottes, les pommes de terre, les poireaux et le céleri, et coupez-les en morceaux. Ajoutez le tout dans la cocotte 30 minutes avant la fin de la cuisson.

✓ Filtrez le bouillon dans une soupière. Présentez la viande et les légumes sur un plat.

✓ En début de repas, servez le bouillon chaud accompagné de croûtons. Servez ensuite la viande et ses légumes, accompagnés de moutarde, de mayonnaise et de cornichons.

Astuce : Si vous ajoutez de l'eau froide, le pot-au-feu prendra la saveur des légumes et des aromates. Si vous mettez la viande dans de l'eau bouillante, la viande sera plus moelleuse. Utilisez les restes de viande pour réaliser un hachis parmentier le lendemain.

Risotto aux noix de St-Jacques

Préparation : ***15 min*** - Cuisson : ***35 min***
Difficulté : ***facile*** - Budget : ***cher***

Pour 4 personnes

- 8 noix de St-Jacques
- 4 oignons nouveaux
- 1 citron vert coupé en tranches
- 300 g de riz à risotto
- 45 g de beurre
- 15 g de beurre clarifié
- 80 cl de bouillon de poisson ou de bouillon de légumes
- 2 cuill. à soupe de jus de citron
- Sel, poivre

Vin :

Pessac-Léognan blanc à 10 °C

✓ Coupez les oignons en fines rondelles. Faites fondre le beurre dans une sauteuse et faites-y revenir rapidement les oignons et le riz. Versez progressivement le bouillon de poisson, en attendant l'évaporation entre chaque louchée. Remuez constamment avec une fourchette, jusqu'à ce que le riz soit bien cuit (environ 25 minutes).

✓ Arrosez les noix de St-Jacques de jus de citron. Salez et poivrez légèrement. Faites-les revenir dans une poêle, dans le beurre clarifié, 1 à 2 minutes de chaque côté.

✓ Présentez le risotto avec les noix de St-Jacques sur des assiettes. Décorez de tranches de citron vert et servez aussitôt.

Astuce : Si vous utilisez des noix de St-Jacques surgelées, faites-les décongeler à température ambiante sur du papier absorbant. N'utilisez surtout pas le micro-ondes qui les cuirait.

Risotto thaïlandais

Préparation : ***20 min*** - Cuisson : ***30 min***
Difficulté : ***facile*** - Budget : ***pas cher***

Pour 4 personnes

- 200 g de riz à risotto
- 150 g d'épinards
- 150 g de parmesan râpé
- 100 g de beurre
- 70 cl de bouillon de légumes ou de volaille chaud
- 4 tiges de citronnelle
- 1 poireau
- 1 feuille de laurier
- 1 cuill. à soupe de gingembre frais râpé
- 1 pincée de sel

Vin :
Touraine blanc à 9 °C

✓ Enlevez les feuilles et les parties dures des tiges de citronnelle, puis écrasez les tiges en les martelant avec le manche d'un couteau.

✓ Lavez les épinards, coupez-les en lanières et réservez-les.

✓ Coupez le poireau en rondelles et les tiges de citronnelle en deux. Faites fondre le beurre dans une casserole, et faites-y revenir les rondelles de poireau, la citronnelle et le laurier.

✓ Ajoutez le riz et le gingembre, laissez dorer quelques instants, puis versez environ un quart du bouillon chaud. Laissez mijoter jusqu'à complète absorption du liquide, puis versez le reste du bouillon et continuez la cuisson jusqu'à ce que le riz soit « al dente ».

✓ Ajoutez les épinards, laissez mijoter quelques minutes, puis salez et incorporez le parmesan râpé. Servez aussitôt.

Astuce : Si vous ne trouvez pas de citronnelle, utilisez du thym citron.

Tajine de lotte à la marocaine

Préparation : ***35 min*** - Cuisson : ***50 min***
Réfrigération : ***3 h*** - Difficulté : ***facile*** - Budget : ***cher***

Pour 4 personnes

Pour la marinade (chermoula) :

- 2 gousses d'ail finement hachées
- 4 cuill. à soupe de feuilles de coriandre hachées
- 3 cuill. à soupe d'huile d'olive
- 2 cuill. à c. de poudre de piment
- 1 cuill. à café de cumin moulu
- ¾ cuill. à café de sel
- ½ cuill. à café de piment de Cayenne

Pour le poisson :

- 800 g de filets de lotte prêts à cuire
- 4 grosses tomates
- 2 poivrons verts

Pour la sauce :

- 1 dose de safran
- 6 cuill. à soupe d'huile d'olive
- 1 cuill. à café de gingembre fraîchement râpé
- Sel, poivre

Pour la décoration :

- 15 olives vertes dénoyautées
- Le zeste d'un citron confit

Vin :

Bergerac blanc sec à 9 °C

✓ Préparez la chermoula : mélangez tous les ingrédients dans un grand plat. Réservez une cuillère à soupe de chermoula pour le bouillon. Coupez le poisson en tranches, arrosez-le du reste de chermoula et laissez-le mariner 3 heures au réfrigérateur.

✓ Préchauffez le four en position gril. Ébouillantez les tomates, pelez-les et coupez-les en quatre. Coupez les poivrons en quatre, épépinez-les et passez-les sous le gril pendant quelques minutes, jusqu'à ce que la peau noircisse. Laissez-les refroidir, frottez-les pour que la peau se détache, puis coupez-les en fines lanières.

✓ Pour la sauce : mélangez l'huile, le safran, une cuillère à soupe de chermoula, le gingembre et 10 cl d'eau chaude. Salez et poivrez.

✓ Versez les lanières de poivrons dans une grande cocotte (ou dans un tajine), puis ajoutez les tranches de poisson et la sauce. Ajoutez les quartiers de tomates, couvrez et faites cuire à feu moyen 30 à 40 minutes. Rectifiez l'assaisonnement si besoin.

✓ Faites chauffer les olives et le zeste de citron confit dans la sauce quelques minutes. Disposez-les sur le dessus du tajine et servez immédiatement.

Brownies

Préparation : ***25 min*** - Cuisson : ***30 min***
Réfrigération : ***2 h*** - Difficulté : ***facile*** - Budget : ***pas cher***

Pour 20 brownies

- 3 œufs
- 1 pincée de sel
- 1 sachet de sucre vanillé
- 250 g chocolat noir amer
- 150 g de beurre ramolli
- 150 g de sucre en poudre
- 150 g de noix hachées
- 60 g de farine
- 2 cuill. à café de levure chimique

Vin :
Clairette de Die à 7 °C

✓ Préchauffez le four th 7 (210 °C). Cassez le chocolat en petits morceaux et faites-le fondre au bain-marie en remuant régulièrement. Ajoutez le beurre fondu et réservez..

✓ Battez les œufs en omelette. Mélangez le sucre en poudre et le sucre vanillé. Incorporez au chocolat le mélange de sucre, les œufs battus, puis la farine petit à petit pour ne pas faire de grumeaux. Ajoutez enfin les noix hachées.

✓ Versez la pâte sur une plaque à pâtisserie recouverte de papier sulfurisé et lissez la surface. Enfournez et faites cuire pendant 15 minutes. Éteignez le four et laissez-y le brownie 5 minutes supplémentaires.

✓ Après refroidissement, placez-le au réfrigérateur pendant au moins 2 heures. Découpez le brownie en carrés avant de servir.

Astuce : Testez aussi cette recette avec des pépites de chocolat. Et surtout, ne dépassez pas le temps de cuisson car le brownie perdrait de son moelleux.

Cake de Noël

Préparation : ***35 min*** - Cuisson : ***1 h***
Difficulté : ***facile*** - Budget : ***pas cher***

Pour 6-8 personnes

- 250 g de farine
- 200 g de dattes
- 150 g de sucre en poudre
- 125 g de beurre
- 100 g de noix de pécan
- 75 g de raisins secs
- 8 œufs
- 1 pointe de couteau de clou de girofle en poudre
- 1 noisette de beurre pour le moule
- 2 cuill. à soupe de farine pour le moule
- 2 cuill. à café de cacao en poudre
- 1 cuill. à soupe de cannelle en poudre
- Perles de sucre

Pour le glaçage :

- 100 g de sucre en poudre
- 1 à 2 cuill. à soupe de jus de citron

Vin :

Alsace-Gewurztraminer Sélection de Grains Nobles à 11 °C

✓ Préchauffez le four th 5-6 (160 °C).

✓ Hachez les noix de pécan grossièrement. Dénoyautez les dattes et coupez-les en petits morceaux. Faites fondre le beurre et laissez-le refroidir un peu.

✓ Cassez les œufs et séparez les jaunes des blancs. Fouettez énergiquement les jaunes d'œufs avec le sucre, puis incorporez progressivement le beurre fondu, la farine, le cacao en poudre, les noix de pécan, les dattes, les raisins, la cannelle en poudre et le clou de girofle en poudre, en mélangeant continuellement. Montez les blancs en neige et incorporez-les délicatement à la préparation.

✓ Versez la pâte dans un moule à cake beurré et fariné (de 25 à 30 cm), lissez la surface, puis enfournez 1 heure.

✓ Sortez le gâteau du four et laissez-le refroidir. Pour le glaçage : mélangez le sucre en poudre et le jus de citron jusqu'à obtention d'un sirop homogène. Nappez le cake de ce mélange. Parsemez le gâteau de perles de sucre et attendez que le glaçage ait pris avant de servir.

Crêpes aux pommes et au calvados

Préparation : ***15 min*** - Cuisson : ***15 min***
Réfrigération : ***1 h*** - Difficulté : ***facile*** - Budget : ***pas cher***

Pour 4 personnes

Pour les crêpes :

- 360 g de farine
- 10 g de beurre fondu
- 10 g de sucre vanillé
- 150 g de sucre en poudre
- ¾ l de lait
- 2 œufs
- 1 pincée de sel
- Huile

Pour la garniture :

- 2 pommes
- 10 g de beurre
- 2 cl de calvados
- Le jus d'un demi-citron
- 1 cuill. à soupe de sucre en poudre

Pour la décoration :

- Du sucre glace

Vin :

Cidre brut à 7 °C

✓ Pour la pâte à crêpes : mélangez le sucre et le sel. Faites un trou dans le centre et incorporez les œufs en mélangeant doucement. Ajoutez le lait par petites quantités, puis le beurre fondu. Laissez reposer 1 heure au réfrigérateur.

✓ Faites chauffer une poêle légèrement huilée. Étalez la pâte et faites cuire les crêpes jusqu'à ce qu'elles soient légèrement dorées. Réservez-les au chaud.

✓ Épluchez les pommes et coupez-les en lamelles. Faites fondre le beurre dans une poêle, ajoutez les pommes, le jus de citron, le sucre en poudre et le calvados, et faites revenir le tout à feu doux pendant 2 minutes.

✓ Répartissez les crêpes et les pommes sur des assiettes à dessert. Saupoudrez de sucre glace et servez aussitôt.

Astuce : Si vous souhaitez des crêpes fines, remplacez la moitié du lait par de l'eau. Vous pouvez aussi remplacez un verre de lait par la même quantité de bière. Dans tous les cas, il est impératif d'incorporer le lait très progressivement pour éviter les grumeaux.

Crumble aux fruits rouges

Préparation : *15 min* - Cuisson : *15 min*
Difficulté : *très facile* - Budget : *pas cher*

Pour 3 personnes

- 450 g de fruits rouges (mûres, framboises, cerises)
- 70 g de farine
- 60 g de sucre de cassonade en poudre
- 50 g de beurre ramolli
- 4 cl de liqueur de cassis
- 1 petit pot de crème fraîche épaisse
- 2 cuill. à soupe de sucre en poudre
- 2 cuill. à soupe de gelée de cassis

Vin :
Montlouis sur Loire mousseux à 9 °C

✓ Préchauffez le four th 6 (180 °C). Dénoyautez les cerises et mélangez tous les fruits avec le sucre en poudre, la gelée et la liqueur de cassis.

✓ Versez la préparation dans trois ramequins.

✓ Travaillez la farine avec le sucre de cassonade et le beurre de façon à obtenir une consistance sableuse.

✓ Répartissez la pâte sur les fruits rouges, enfournez et faites cuire pendant 15 minutes.

✓ Servez tiède ou froid, accompagné de crème fraîche épaisse.

Astuce : Vous pouvez réaliser cette recette avec des fruits rouges surgelés, sans les faire décongeler au préalable.

Florentins

Préparation : ***25 min*** - Cuisson : ***25 min***
Difficulté : ***difficile*** - Budget : ***pas cher***

Pour 6 personnes

- 300 g de sucre en poudre
- 200 g d'écorce d'orange confite
- 200 g d'amandes effilées
- 200 g de chocolat de couverture
- 120 g de farine
- 100 g de cerises confites
- 100 g de miel liquide
- 30 cl de crème fraîche

Vin :

Rasteau rancio à 17 °C

✓ Préchauffez le four th 6 (180 °C). Coupez les cerises confites et l'écorce d'orange confite en tous petits dés. Mélangez-les aux amandes effilées, puis ajoutez la farine en pluie. Réservez.

✓ Versez le sucre, le miel et la crème fraîche dans une casserole. Faites cuire à feu doux jusqu'à ce que le mélange atteigne la température de 115 °C au thermomètre à sucre. Retirez du feu et versez sur les fruits en mélangeant.

✓ Recouvrez la plaque du four de papier sulfurisé. Faites des petits rectangles de 3 mm d'épaisseur environ de pâte, en les espaçant bien. Enfournez et faites cuire 8 minutes. Sortez la plaque du four, décollez les florentins et laissez-les refroidir.

✓ Faites fondre le chocolat au bain-marie. Quand les florentins ont refroidi, trempez l'un des côtés dans le chocolat et laissez durcir.

✓ Disposez dans des assiettes et servez.

Gaufres aux pommes

Préparation : ***15 min*** - Cuisson : ***20 min***
Repos : ***1 h*** - Difficulté : ***très facile*** - Budget : ***pas cher***

Pour 4 personnes

- 4 œufs
- 2 petites pommes
- 250 g de farine
- 150 g de beurre
- 150 g de sucre en poudre
- 1 cuill. à café de levure chimique
- ½ cuill. à café de cannelle en poudre
- Huile pour le gaufrier
- Du sucre glace pour la décoration

Vin :

Loupiac à 7 °C

✓ Dans une terrine, travaillez au batteur électrique le beurre et le sucre en poudre jusqu'à ce que le mélange devienne mousseux. Ajoutez ensuite les œufs un par un, fouettez de nouveau et réservez.

✓ Épluchez les pommes et râpez-les.

✓ Mélangez la farine, la levure et la cannelle. Incorporez alors la préparation aux œufs, ainsi que les pommes râpées, pour obtenir une pâte sans grumeaux. Laissez reposer la pâte 1 heure.

✓ Huilez le gaufrier et faites-le chauffer. Lorsqu'il est bien chaud, déposez deux à trois cuillerées à soupe de pâte dans les alvéoles et faites cuire les gaufres. Lorsqu'elles sont bien dorées, détachez-les et posez-les sur une grille.

✓ Saupoudrez les gaufres de sucre glace et servez-les aussitôt.

Astuce : Ajoutez du beurre salé fondu à la pâte après l'avoir laissé reposer. C'est délicieux !

Gratin de pommes à la cannelle

Préparation : ***30 min*** - Cuisson : ***1 h***
Difficulté : ***facile*** - Budget : ***pas cher***

Pour 6 personnes

- 1 kg de pommes
- 250 g de beurre
- 250 g de sucre en poudre
- 200 g de poudre de noisette
- 200 g de chapelure
- 200 g de crème fraîche liquide
- 150 g de poudre d'amande
- 50 g de farine
- 50 g de sucre roux
- 6 œufs
- 1 citron non traité
- 1 sachet de sucre vanillé
- 1 pincée de sel
- 1 noisette de beurre pour le plat
- ½ cuill. à café de cannelle en poudre

Vin :

Vouvray moelleux à 9 °C

✓ Préchauffez votre four th 6 (180 °C). Prélevez le zeste du citron et pressez le jus.

✓ Épluchez les pommes, coupez-les en quatre, épépinez-les, puis coupez-les en lamelles. Arrosez-les de jus de citron.

✓ Faites fondre le beurre dans une casserole. Ajoutez le sucre en poudre, le sucre vanillé, la cannelle et le zeste du citron, puis salez. Mélangez la poudre de noisette, la chapelure, la poudre d'amande et 30 g de farine. Incorporez le tout à la préparation, puis ajoutez progressivement quatre œufs.

✓ Beurrez un plat à gratin et versez-y la pâte. Disposez les pommes en rosace.

✓ Enfournez votre plat à mi-hauteur pendant 25 minutes environ. Entre-temps, mélangez les deux œufs restants avec le reste de la farine, la crème fraîche liquide et le sucre roux. Sortez le gâteau du four, versez le mélange par-dessus, puis ré-enfournez 25 à 30 minutes. Servez tiède.

Moelleux au chocolat

Préparation : ***15 min*** - Cuisson : ***15 min***
Difficulté : ***très facile*** - Budget : ***pas cher***

Pour 6 personnes

- 6 œufs
- 240 g de chocolat à pâtisserie
- 135 g de sucre en poudre
- 100 g de beurre ramolli
- 45 g de farine
- 1 pincée de sel
- 1 noix de beurre pour les moules

Vin :
Crémant de Loire blanc à 9 °C

✓ Préchauffez le four th 6/7 (200 °C). Beurrez six petits moules à bords hauts. Séparez les blancs des jaunes d'œufs, réservez les blancs au frais.

✓ Faites fondre le chocolat au bain-marie avec le sucre en poudre. Quand il est fondu, retirez-le du feu et ajoutez les jaunes d'œufs en fouettant, puis le beurre et la farine.

✓ Montez les blancs en neige avec le sel et incorporez-les délicatement à la préparation.

✓ Versez la pâte dans les moules et enfournez. Faites cuire 8 minutes.

✓ Sortez les moelleux du four, démoulez-les immédiatement dans des petites assiettes et servez-les tièdes.

Astuce : Surveillez très bien la cuisson et démoulez les moelleux rapidement afin de stopper la cuisson, sinon le chocolat ne sera pas coulant.

Petits pots de crème au caramel

Préparation : ***20 min*** - Cuisson : ***45 min***
Réfrigération : ***2 h*** - Difficulté : ***facile*** - Budget : ***pas cher***

Pour 6 personnes

- 2 œufs
- 4 jaunes d'œufs
- ½ l de lait
- 180 g de sucre en poudre
- 30 g de sucre vanillé
- 50 g de beurre pour les moules
- 1 noix de beurre pour les ramequins
- Quelques gouttes de jus de citron

Vin :

Jurançon moelleux à 7 °C

✓ Versez 150 g de sucre en poudre dans une casserole. Ajoutez deux cuillères à soupe d'eau. Mettez sur feu doux et faites cuire jusqu'à obtention d'un caramel blond. En fin de cuisson, ajoutez le jus de citron.

✓ Portez le lait à ébullition. Préchauffez le four th 6/7 (200 °C). Fouettez les œufs entiers, les jaunes d'œufs, le reste de sucre en poudre et le sucre vanillé.

✓ Quand le lait bout, versez-le doucement dans le caramel en fouettant. Versez cette préparation, toujours en fouettant, dans le mélange œufs-sucre.

✓ Beurrez six petits ramequins et remplissez-les de crème. Disposez les ramequins dans un plat à four. Remplissez le plat d'eau chaude à mi-hauteur des ramequins.

✓ Enfournez et laissez cuire 30 à 40 minutes. Laissez les crèmes refroidir et placez-les 2 heures au minimum au réfrigérateur avant de les servir.

Astuce : Variez les plaisirs en variant les parfums : remplacez le caramel par de la vanille, du gingembre, du chocolat, de la lavande…

Pommes pochées à la sauce vanille

Préparation : ***25 min*** - Cuisson : ***20 min***
Difficulté : ***facile*** - Budget : ***pas cher***

Pour 4 personnes

- 8 petites pommes sucrées
- 1 morceau de gingembre
- 1 bâton de cannelle
- 50 cl de vin blanc mœlleux
- 150 g de sucre en poudre
- Le jus et le zeste d'un citron non traité

Pour la sauce :

- 5 jaunes d'œufs
- 1 gousse de vanille
- ¼ l de lait
- 25 cl de crème fraîche
- 100 g de sucre en poudre

Vin :

Côtes de Bergerac blanc à 7 °C

✓ Épluchez les pommes, évidez-les et arrosez-les immédiatement de jus de citron.

✓ Mélangez le vin, le sucre, le gingembre, la cannelle et le zeste de citron, et portez le tout à ébullition afin d'obtenir un sirop. Faites-y pocher les pommes pendant 5 à 8 minutes, en les retournant régulièrement, puis laissez-les refroidir dans le sirop.

✓ Fendez la gousse de vanille en deux et prélevez les graines. Portez à ébullition le lait, la crème fraîche, les graines et la gousse de vanille. Fouettez les jaunes d'œufs et le sucre dans un saladier jusqu'à ce que le mélange devienne mousseux.

✓ Incorporez le mélange lait-crème au mélange œufs-sucre, et remettez à cuire à feux doux, sans cesser de remuer et surtout sans ébullition, afin d'obtenir une sauce mousseuse. Passez cette sauce dans un tamis fin et laissez refroidir. Saupoudrez de sucre afin d'éviter qu'une peau ne se forme à la surface de la crème.

✓ Présentez les pommes dans des coupelles et arrosez-les de sauce à la vanille. Servez aussitôt.

Sabayon au chocolat

Préparation : ***25 min*** - Cuisson : ***10 min***
Difficulté : ***facile*** - Budget : ***pas cher***

Pour 4 personnes

- 4 jaunes d'œufs
- 100 g de sucre en poudre
- 50 g de chocolat amer
- 10 cl de marsala
- 2 cuill. à café de copeaux de chocolat
- 1/2 cuill. à café de zeste de citron râpé

Vin :
Banyuls à 14 °C

✓ Mettez les jaunes d'œufs et le sucre en poudre dans un saladier et placez-le dans un bain-marie chaud. Incorporez le marsala et le zeste de citron, et fouettez vigoureusement jusqu'à ce que le mélange devienne mousseux et qu'il ait doublé de volume.

✓ Râpez le chocolat, faites-le fondre au bain-marie et incorporez-le à la mousse.

✓ Refroidissez la mousse dans un bain-marie glacé, en remuant constamment, et répartissez-la dans des coupes.

✓ Décorez de copeaux de chocolat et servez aussitôt accompagné de petits gâteaux secs.

Astuce : Pour faire fondre du chocolat rapidement, cassez-le en morceaux, placez-le dans un saladier avec une cuillère à soupe d'eau et chauffez 30 secondes au micro-ondes. Mélangez bien et renouvelez l'opération deux fois.

Tarte au chocolat

Préparation : ***30 min*** - Cuisson : ***35 min***
Repos : ***3 h*** - Difficulté : ***facile*** - Budget : ***pas cher***

Pour 4 personnes

Pour la pâte brisée :

- 1 œuf
- 1 pincée de sel
- 300 g de farine
- 200 g de beurre
- 1 cuill. à soupe de sucre en poudre

Pour la garniture :

- 450 g de chocolat à cuire
- 120 g de beurre mou
- 30 cl de crème fleurette
- 10 cl de lait
- 1 petite pincée de sel
- 2 cuill. à soupe bombées de sucre en poudre

Pour la décoration :

- Du cacao en poudre

Vin :

Maury rouge à 14 °C

✓ Pour la pâte brisée : mélangez dans un saladier la farine, le sucre, le sel, le beurre coupé en petits morceaux et l'œuf, de façon à obtenir une pâte lisse et homogène. Enveloppez-la dans du film alimentaire et laissez-la reposer 1 heure.

✓ Préchauffez le four th 7 (210 °C). Étalez la pâte et foncez-en un moule à tarte. Piquez le fond de tarte avec une fourchette, garnissez-le de haricots secs, puis faites-le cuire au four pendant 20 à 25 minutes jusqu'à ce que la pâte soit bien dorée. Retirez les haricots secs et laissez refroidir.

Astuce : Réhaussez le goût de la tarte en ajoutant au chocolat des raisins secs trempés dans du rhum.

✓ Pour la garniture : fouettez la crème, le sucre et le sel dans une casserole. Chauffez le mélange et retirez-le du feu dès le début de l'ébullition. Ajoutez le beurre et le chocolat coupé en petits morceaux et mélangez de nouveau jusqu'à ce que le chocolat fonde complètement. Laissez refroidir légèrement la préparation, incorporez tout doucement le lait froid et fouettez jusqu'à ce que la crème devienne lisse et brillante. Versez cette préparation sur le fond de tarte, lissez la surface avec une spatule et laissez refroidir la tarte 2 heures à température ambiante.

✓ Saupoudrez la tarte de cacao avant de servir.

	Titre de la recette	Préparation	Cuisson	Repos réfrig.	Difficulté	Budget	Vins	Page
	Printemps							
Entrées	Fagotins de jambon aux carottes	15 min	10 min		facile	pas cher	Irouléguy rosé à 9 °C	6
	Fougasse aux asperges et au brie	20 min	20 min	1 h	facile	pas cher	Sancerre blanc à 11 °C	7
	Moules aux légumes safranés	30 min	20 min		très facile	pas cher	Coteaux du Languedoc blanc à 11 °C	8
	Mousses de légumes printaniers	30 min	40 min	1 h	facile	pas cher	Anjou blanc sec à 9 °C	9
	Quiche aux courgettes et aux olives	45 min	50 min	30 min	facile	pas cher	Saumur-Champigny à 16 °C	10
	Rillettes de thon à l'estragon	5 min		1 h	très facile	pas cher	Entre-deux-Mers à 9 °C	11
	Rouleaux de légumes	20 min	5 min		très facile	pas cher	Côtes de Provence rouge à 15 °C	12
	Salade cocktail aux trois agrumes	15 min	10 min		très facile	abordable	Crémant d'Alsace blanc à 7 °C	13
	Taboulé vert	15 min	15 min	1 h	très facile	pas cher	Bourgogne-Aligoté à 9 °C	14
	Terrine de carottes au lard fumé	25 min	1 h 05		très facile	pas cher	Anjou rouge à 12 °C	15
	Trio d'œufs à la coque	15 min	5 min		très facile	pas cher	Côtes du Jura blanc à 11 °C	16
	Velouté de courgettes au parmesan et à l'estragon	15 min	30 min		très facile	pas cher	Pouilly-Fuissé à 13 °C	17
Plats	Bœuf aux légumes	20 min	15 min		facile	cher	Beaujolais Villages rouge à 12 °C	18
	Côte de veau au thym et tagliatelles de courgettes	20 min	25 min	30 min	très facile	abordable	Bourgogne-Aligoté à 9 °C	19
	Dos de cabillaud grillé aux légumes	20 min	50 min		très facile	cher	Anjou blanc sec à 9 °C	20
	Farfalle aux petits pois et au bacon	10 min	20 min		très facile	pas cher	Côtes de Provence rouge à 15 °C	21
	Filet de porc au citron vert	30 min	20 min	30 min	très facile	abordable	St Estèphe à 16 °C	22
	Gigot d'agneau en croûte d'herbes	20 min	1 h 05	1 h	facile	cher	Pauillac à 16 °C	23
	Gratin de courgettes à l'aneth	20 min	25 min		très facile	pas cher	Alsace-Tokay-Pinot blanc à 11 °C	24
	Papillotes de lapin à la crème d'ail doux	30 min	1 h 15		très facile	pas cher	Bandol rouge à 16 °C	25
	Papillotes de légumes	25 min	20 min		très facile	pas cher	Beaune rouge à 16 °C	26
	Poêlée de St-Jacques aux lardons	20 min	10 min		très facile	cher	Corbières blanc à 13 °C	27
	Ragoût de légumes	20 min	25 min		très facile	pas cher	Bergerac rouge à 16 °C	28
	Risotto aux asperges et aux petits pois	15 min	30 min		facile	abordable	Alsace-Riesling à 9 °C	29
	Spaghettis Vongole (spaghettis aux palourdes)	15 min	30 min		très facile	abordable	Costières de Nîmes blanc à 10 °C	30
	Tajine de poulet à la marocaine	25 min	1 h 40		facile	abordable	Margaux à 16 °C	31
Desserts	Beignets	30 min	20 min	1 h 10	facile	pas cher	Coteaux du Layon à 7 °C	32
	Charlottes en habit rose	35 min		2 h	facile	abordable	Cabernet d'Anjou moelleux à 11 °C	33
	Chouquettes	20 min	40 min		très facile	pas cher	Blanquette de Limoux à 7 °C	34
	Compote de fraises, de pêches et de rhubarbe	30 min	1 h 05	1 h	très facile	abordable	Muscat de Frontignan à 8 °C	35
	Crumble à la rhubarbe	20 min	40 min		très facile	pas cher	Cérons à 7 °C	36
	Fraises à la crème stracciatella	15 min			très facile	pas cher	Rivesaltes rouge tuilé à 15 °C	37
	Fruits à l'infusion de jasmin	20 min	15 min		très facile	abordable	Monbazillac à 7 °C	38
	Glace au yaourt	20 min		2 h	facile	pas cher	Haut Montravel moelleux à 7 °C	39
	Pêches gratinées au sucre	15 min	10 min		facile	pas cher	Sauternes à 7 °C	40
	Petites crèmes à la citronnelle	25 min	25 min	3 h	facile	pas cher	Jurançon moelleux à 7 °C	41
	Soufflés glacés aux framboises	30 min	3 min	3 h	difficile	pas cher	Muscat de Beaumes de Venise à 9 °C	42
	Tartes aux fraises	20 min	30 min	3 h	facile	pas cher	Muscat d'Alsace à 8 °C	43

	Titre de la recette	Préparation	Cuisson	Repos réfrig.	Difficulté	Budget	Vins	Page
	Automne							
Entrées	Croque-monsieur façon pain perdu	10 min	15 min		très facile	pas cher	Anjou rouge à 12 °C	86
Entrées	Crostinis de bacon au bleu	5 min	5 min		très facile	pas cher	Côtes de Bergerac blanc à 7 °C	87
Entrées	Feuilletés à la tomate	20 min	15 min		très facile	pas cher	Touraine-Amboise rouge à 15 °C	88
Entrées	Flan aux légumes	45 min	1 h 10		facile	pas cher	Anjou blanc sec à 9 °C	89
Entrées	Œufs pochés à la sauce aurore	20 min	15 min		facile	pas cher	Côtes du Jura blanc à 11 °C	90
Entrées	Salade paysanne	15 min	10 min		facile	abordable	Alsace-Riesling à 9 °C	91
Entrées	Samossas aux légumes	25 min	40 min		très facile	pas cher	St-Chinian rouge à 15 °C	92
Entrées	Soupe de fèves aux légumes et à la menthe	20 min	30 min		facile	pas cher	Cabernet d'Anjou demi-sec à 11 °C	93
Entrées	Tarte au roquefort	30 min	25 min	30 min	facile	pas cher	Barsac à 7 °C	94
Entrées	Terrine de légumes au basilic	45 min	50 min	3 h	difficile	pas cher	Chardonnay à 9 °C	95
Entrées	Tomates farcies végétariennes	40 min	40 min		facile	pas cher	Bandol rouge à 16 °C	96
Entrées	Velouté au potiron	30 min	30 min		facile	pas cher	St-Véran à 12 °C	97
Plats	Agneau aux fruits secs	20 min	2 h 15		facile	abordable	Bergerac rouge à 16 °C	98
Plats	Bœuf au curry et au lait de coco	20 min	10 min		très facile	abordable	Minervois rouge à 15 °C	99
Plats	Cassolette d'aubergines à la sauce tomate	20 min	45 min	30 min	facile	pas cher	Bourgogne rouge à 14 °C	100
Plats	Émincé de lapin aux tomates confites	20 min	2 h	30 min	difficile	cher	Pessac-Léognan blanc à 10 °C	101
Plats	Filets de turbot aux crevettes	30 min	45 min		facile	cher	Côtes de Provence blanc à 9 °C	102
Plats	Gratin d'aubergines au jambon de Parme	20 min	30 min		facile	pas cher	Gigondas rouge à 15 °C	103
Plats	Gratin de raviolis et de tomates	20 min	35 min		facile	pas cher	Bandol rosé à 9 °C	104
Plats	Lasagnes de légumes	20 min	40 min		facile	pas cher	Anjou rouge à 12 °C	105
Plats	Melonnettes de veau à la sauce citron	20 min	40 min		très facile	abordable	Graves blanc à 9 °C	106
Plats	Petit salé aux lentilles	20 min	2 h 50	4 h	facile	pas cher	Mâcon rouge à 13 °C	107
Plats	Poêlée épicée de fruits de mer	20 min	15 min		facile	abordable	Corbières blanc à 13 °C	108
Plats	Poivrons farcis au risotto de champignons	20 min	1 h		facile	abordable	St-Joseph blanc à 13 °C	109
Plats	Poulet massala aux noix de cajou	30 min	35 min	3 h	facile	abordable	Crozes-Hermitage rouge à 15 °C	110
Plats	Poulet Vallée d'Auge	30 min	1 h 20		facile	pas cher	Bordeaux Supérieur rouge à 15 °C	111
Desserts	Beignets de poires à la lavande	20 min	10 min	1 h	facile	pas cher	Muscat de Rivesaltes à 8 °C	112
Desserts	Cake aux pommes et au chocolat	25 min	1 h 15		facile	pas cher	Muscat du Cap Corse à 9 °C	113
Desserts	Cannelés au miel	20 min	1 h 10	24 h	très facile	pas cher	Muscat de Lunel à 8 °C	114
Desserts	Crèmes brûlées	20 min	1 h 05	2 h	facile	pas cher	Monbazillac à 7 °C	115
Desserts	Crumble aux poires	20 min	35 min		facile	pas cher	Bonnezeaux à 7 °C	116
Desserts	Far aux abricots secs	20 min	45 min	1 h	facile	pas cher	Rosé de Loire à 11 °C	117
Desserts	Gratin de fruits rouges	20 min	15 min		très facile	pas cher	Saumur blanc mousseux à 9 °C	118
Desserts	Muffins aux figues	20 min	30 min	2 h	très facile	pas cher	Muscat de Mireval à 8 °C	119
Desserts	Pain brioché aux raisins	25 min	1 h	1 h 30	facile	pas cher	Sauternes à 7 °C	120
Desserts	Poires pochées au gingembre	15 min	15 min		facile	abordable	Loupiac à 7 °C	121
Desserts	Tartelettes aux pommes	45 min	55 min	30 min	facile	pas cher	Jurançon moelleux à 7 °C	122
Desserts	Tiramisu	25 min		2 h	facile	pas cher	Maury rouge à 14 °C	123

	Titre de la recette	Préparation	Cuisson	Repos réfrig.	Difficulté	Budget	Vins	Page
	Hiver							
Entrées	Assiette de maki-sushis	30 min	35 min		facile	abordable	Alsace-Gewurztraminer sec à 11 °C	126
	Feuilleté aux épinards et à la feta (Spanakopita)	30 min	1 h 05		facile	pas cher	Touraine-Amboise rouge à 15 °C	127
	Flan de brocolis	20 min	35 min		très facile	pas cher	Bordeaux blanc sec à 9 °C	128
	Mousse d'épinards aux noix et au coulis de tomates	30 min	40 min		facile	abordable	Corbières blanc à 13 °C	129
	Omelette aux poireaux et aux lardons	20 min	20 min		facile	pas cher	Cassis blanc à 9 °C	130
	Pain aux figues et aux noix	30 min	45 min	55 min	facile	pas cher	Muscat de Rivesaltes à 8 °C	131
	Petits pains cocktail	20 min	10 min	45 min	facile	pas cher	Crémant de Loire blanc à 9 °C	132
	Pizza au jambon de Parme	25 min	15 min	1 h	facile	pas cher	Irouléguy rosé à 9 °C	133
	Salade exotique épicée	20 min	20 min		facile	pas cher	Beaune rouge à 16 °C	134
	Soupe à l'oignon	20 min	50 min		facile	pas cher	Alsace-Sylvaner à 9 °C	135
	Soupe de chou-fleur au zeste d'orange	15 min	25 min		facile	pas cher	Saumur blanc sec à 9 °C	136
	Tarte aux épinards et au saumon	30 min	1 h		facile	abordable	Sancerre blanc à 11 °C	137
Plats	Bamie à la dinde	25 min	50 min	30 min	facile	abordable	Faugères rouge à 16 °C	138
	Bœuf bourguignon	25 min	3 h 20		facile	abordable	Bourgueil rouge à 15 °C	139
	Cassoulet	30 min	2 h 50	12 h	très facile	pas cher	Cahors rouge à 15 °C	140
	Colombo d'agneau au blé	40 min	1 h 20		très facile	abordable	Gigondas rouge à 15 °C	141
	Coq au vin	30 min	1 h 30		facile	abordable	Juliénas à 14 °C	142
	Dhal aux légumes et à la noix de coco	30 min	40 min		facile	pas cher	Coteaux du Tricastin rouge à 14 °C	143
	Fricassée de coquillages au lard	20 min	20 min		très facile	abordable	Alsace-Sylvaner à 9 °C	144
	Gratin dauphinois	20 min	50 min		très facile	pas cher	Beaujolais Villages rouge à 12 °C	145
	Gratin de pâtes	10 min	25 min		très facile	pas cher	Graves blanc à 9 °C	146
	Nouilles au tofu et aux légumes	20 min	10 min		facile	pas cher	St Nicolas de Bourgueil rouge à 15 °C	147
	Pot-au-feu	20 min	2 h 10		très facile	pas cher	Brouilly à 13 °C	148
	Risotto aux noix de St-Jacques	15 min	35 min		facile	cher	Pessac-Léognan blanc à 10 °C	149
	Risotto thaïlandais	20 min	30 min		facile	pas cher	Touraine blanc à 9 °C	150
	Tajine de lotte à la marocaine	35 min	50 min	3 h	facile	cher	Bergerac blanc sec à 9 °C	151
Desserts	Brownies	25 min	30 min	2 h	facile	pas cher	Clairette de Die à 7 °C	152
	Cake de Noël	35 min	1 h		facile	pas cher	Alsace-Gewurztraminer Sélection de Grains Nobles à 11 °C	153
	Crêpes aux pommes et au calvados	15 min	15 min	1 h	facile	pas cher	Cidre brut à 7 °C	154
	Crumble aux fruits rouges	15 min	15 min		très facile	pas cher	Montlouis sur Loire mousseux à 9 °C	155
	Florentins	25 min	25 min		difficile	pas cher	Rasteau rancio à 17 °C	156
	Gaufres aux pommes	15 min	20 min	1 h	très facile	pas cher	Loupiac à 7 °C	157
	Gratin de pommes à la cannelle	30 min	1 h		facile	pas cher	Vouvray moelleux à 9 °C	158
	Moelleux au chocolat	15 min	15 min		très facile	pas cher	Crémant de Loire blanc à 9 °C	159
	Petits pots de crème au caramel	20 min	45 min	2 h	facile	pas cher	Jurançon moelleux à 7 °C	160
	Pommes pochées à la sauce vanille	25 min	20 min		facile	pas cher	Côtes de Bergerac blanc à 7 °C	161
	Sabayon au chocolat	25 min	10 min		facile	pas cher	Banyuls à 14 °C	162
	Tarte au chocolat	30 min	35 min	3 h	facile	pas cher	Maury rouge à 14 °C	163

Textes des recettes. Crédits iconographiques : Agence Sucré Salé // STOCKFOOD / STUDIO X

Photographes Sucré Salé : Hussenot p. 8-19-42-53-82 / Hall p. 9-72-128-129-141 / Caste p. 11-57-73-137 / Bagros p. 13-49-61-71-87-101-112 / Bilic p. 15-47-58-65-75-78-144 / Roulier-Turiot p. 16-17-20-27-34-43-46-67-77-79-88-159 / Muriot p. 25 / Riou p. 26-28-35-114 / Nicoloso p. 33-74 / Desgrieux p. 38-59-62-76-93-95-103-106-127 / Norris p. 39 / Marielle p. 48 / Fénot p. 51 / H§M p. 55-160 / Lawton p. 56 / Dieterlen p. 60 / Fleurent p. 69-119 / Descordes p. 70 / Leduc p. 90 / Nicol p. 92 / Boivin p. 105 / Kettenhofen p. 117 / Viel p. 156

Photographes STOCKFOOD / STUDIO X : Eising p. 6-24-50-54-64-100-104-113-126-134-135-157-158 / Finley p. 7-152 / Mewes p. 10-138 / Danton p. 12 / Boyny p. 14 / Carlott p. 108-133 / Cazals p. 21-23-29-31-98-99-102-110-115-140-143-145-150-151-163 / Bayside p. 22-120-131 / Lister p. 30-146 / Arras p. 32 / Hrbkova p. 36-68 / Rynio p. 37 / Urban p. 40 / Lingwood p. 41-118 / Garlick p. 52-91 / Plewinski p. 63-136 / Westermann p. 66 / Iden p.80 / Bender p.81-161 / Wieder p. 83-96-147 / Kia Nu p. 86-107-139 / Brauner p. 89 / Koeb p. 94-130 / Loftus p. 97-122 / Renee Comet p. 109 / Stowell p. 111 / Cato-Symonds p. 116 / Alack p. 121 / S.Eising p.123-132-154 / Beisch p. 142 / Boyer p. 148 / Holsten/Koops p. 149 / Studio Lipov p. 153 / Anthony-Masterson p. 155 / Reavell p. 162

Conception et adaptation : Idées Book
Création et mise en page : a linea infographie & création
Code Éditeur : 2-35086
Dépôt légal : Septembre 2006
Imprimé et relié en France